AF202468

Unterwegs auf der
Bonifatius-Route

Reise-Infos von A bis Z

Bonifatius-Route

Index

Fulda

Rastplatz am Aussichtspunkt Effolderbach

Band 258

OutdoorHandbuch

Ingrid Retterath

Bonifatius-Route
von Mainz nach Fulda

Bonifatius-Route

Alle Informationen, schriftlich und zeichnerisch,
wurden nach bestem Wissen zusammengestellt und überprüft.
Sie waren korrekt zum Zeitpunkt der Recherche.
Eine Garantie für den Inhalt, z.B. die immerwährende Richtigkeit von
Preisen, Adressen, Telefon- und Faxnummern sowie Internetadressen,
Zeit- und sonstigen Angaben, kann naturgemäß von Verlag und Autor -
auch im Sinne der Produkthaftung - nicht übernommen werden.

Die Autorin und der Verlag sind für Lesertipps und
Verbesserungen (besonders per E-Mail) unter Angabe
der Auflagen- und Seitennummer dankbar.

Dieses OutdoorHandbuch hat 160 Seiten mit 50 farbigen Abbildungen
sowie 11 farbigen Kartenskizzen, 10 farbigen Höhenprofilen und 1 farbigen, ausklappbaren Übersichtskarte. Es wurde auf chlorfrei gebleichtem
Papier gedruckt, in Deutschland klimaneutral hergestellt und transportiert
(die Zertifikatnummer finden Sie auf unserer Internetseite) und wegen der
größeren Strapazierfähigkeit mit PUR-Kleber gebunden.

Dieses Buch ist im Buchhandel und in Outdoor-Läden erhältlich und
kann im Internet oder direkt beim Verlag bestellt werden.

Titelfoto: Am Aussichtspunkt bei Weilbach

OutdoorHandbuch aus der Reihe „Der Weg ist das Ziel", Band 258

ISBN 978-3-86686-309-5   2., überarbeitete Auflage 2015

© BASISWISSEN FÜR DRAUSSEN, DER WEG IST DAS ZIEL und FERNWEHSCHMÖKER sind
urheberrechtlich geschützte Reihennamen für Bücher des Conrad Stein Verlags

Dieses OutdoorHandbuch wurde konzipiert und redaktionell erstellt vom
Conrad Stein Verlag GmbH, Kiefernstraße 6, 59514 Welver,
☎ 023 84/96 39 12, FAX 023 84/96 39 13,
📧 info@conrad-stein-verlag.de, 💻 www.conrad-stein-verlag.de

f Werden Sie unser Fan: 💻 www.facebook.com/outdoorverlage

Text und Fotos: Ingrid Retterath
Karten: Heide Schwinn
Lektorat: Amrei Risse
Layout: Manuela Dastig
Gesamtherstellung: AZ Druck und Datentechnik GmbH, Kempten

Inhalt

Vorwort

Jakobusstele in Malkes

Im Jahr 754 wurde der Missionar und Kirchenreformer Bonifatius während eines Tauffestes in Friesland erschlagen. Der „Apostel der Deutschen" hatte sich Fulda als letzte Ruhestätte gewünscht, also wurde sein Leichnam auf dem Rhein bis Mainz und von dort in einem großen Leichenzug nach Fulda überführt. Die 2004 aus Anlass des 1250. Jahrestages eröffnete Bonifatius-Route hält sich in ihrem Verlauf nah an den nachvollziehbaren Weg des Trauerzugs. Bewusste Abweichungen erfolgten immer dort, wo dem Wanderer Sehenswertes am Wegesrand gezeigt wird oder die historische Route durch hässliche Industriegebiete führt. So entstand ein Pilgerweg, der durch seine durchdachte Streckenführung und seine abwechslungsreiche Landschaft bezaubert. Die durchgängig gut markierte Route führt von Mainz durch den Frankfurter Speckgürtel und die stillen Waldgebiete des Vogelsbergs zum Grab des Bonifatius unter dem Dom zu Fulda.

Mit diesem Büchlein will ich dazu beitragen, dass Sie sich während der gesamten Strecke auf Ihre privaten Pilgergedanken und die schöne Landschaft konzentrieren können. Sollte ein Wegweiser fehlen oder nicht ganz eindeutig sein, finden Sie Rat in meiner Streckenbeschreibung. Zu allen Orten am Wegesrand habe ich Ihnen Schlafstellen, „Futterkrippen", Sehenswertes, Verkehrsmittel und Infrastruktur zusammengestellt, damit Sie Ihre Pilgerfahrt schon daheim so präzise durchplanen können, wie es Ihrem Wunsch und Naturell entspricht.

Ich wünsche Ihnen die Erfüllung Ihres Pilgerwunsches, blasenfreies Wandern und viele nette Begegnungen.

Ingrid Retterath.

Danke

sage ich an dieser Stelle allen, die mich beim Erstellen dieses Buches unterstützt haben. Das gilt speziell für meinen Partner Armin Hofmann und unsere Tochter Aurelia, die mich bei meiner Recherche vor Ort begleiteten, sowie für Herbert Wiens und Gerda Retterath, die mir bei der Recherche den Rücken frei hielten. Liebe Grüße auch an das Pilgerpaar mit Hund, dem wir an einem sehr ungemütlichen Tag begegneten und das Armin eine wertvolle technische Hilfe gab.

Herzlichen Dank sage ich auch allen Lesern, die mir Rückmeldungen zur ersten Auflage schickten, den Damen und Herren in den örtlichen Touristeninformationen und dem Verein Bonifatius-Route e.V. für seine Beratung und Unterstützung, allen voran der Vorsitzenden Dr. Vera Rupp, die wir zufällig auf dem Glauberg trafen.

Besonders dankbar erwähnen möchte ich Herrn Winter (Die Birke in Burkhards) und Diana Dietrich (Grünes Paradies in Hochwaldhausen), die uns an einem stürmischen und regnerischen Tag aufs Herzlichste aufnahmen, obwohl wir tropfend nass wie begossene Pudel vor der Tür standen.

Armin und Aurelia
Pause in Düdelsheim

Dank und Grüße auch an die vielen netten, mir namentlich nicht bekannten Einheimischen, die uns bei unseren Recherchen mit einem freundlichen Lächeln, ein paar aufmunternden Worten oder konkreten Wegbeschreibungen unterstützten.

Bitte

schreiben Sie mir, wenn Ihnen Fehler, Änderungen und Lücken auffallen. Informationen in Reiseführern sind unweigerlich Veränderungen unterworfen: Ein Hotel ändert seine Preise, eine neue Pilgerherberge wird eröffnet, ein Privatvermieter bietet seine Dienste nicht mehr an, ein Museum verlegt seine Öffnungszeiten, eine Busverbindung wird eingestellt, ein vormals angenehmer Waldweg wird zur Schnellstraße, ... Allen Leserzuschriften werde ich nachgehen und sie bei der Folgeauflage berücksichtigen. Sie können sie zum Verlag (✍ info@conrad-stein-verlag.de) oder unmittelbar an mich (✍ bonifatius@retterath.net) senden. Bis zur Neuauflage erscheinen wichtige Informationen schon vorab bei den Updates zum Buch auf der Verlagshomepage.

St. Bonifatius am Mainzer Dom

Unterwegs auf der Bonifatius-Route

Bonifatius

Etwa im Jahr 675 wurde in Crediton, in der Nähe von Exeter an der englischen Südküste, ein Junge geboren, den man auf den Namen Wynfreth (= Winfried) taufte. Er wuchs heran und wurde Mönch und Priester in den Benediktinerklöstern Exeter und Nursling. Zunächst war er als Lehrer für Grammatik und Dichtkunst tätig, von allen Aufgaben eines Geistlichen zog es ihn aber am heftigsten zur Missionsarbeit auf dem europäischen Festland. Er sah seine Aufgabe darin, die noch an ihre alten Götter glaubenden Friesen und Germanen zum Christentum zu bekehren und den bereits bekehrten Christen deutlich zu machen, dass Christentum auch bedeutet, seinen alten Göttern abzuschwören.

716 reiste er nach Friesland, musste es aber bald schon wieder verlassen, weil der Missionierungsgegner und Friesenkönig Radbod seinen Missionierungsbemühungen mit Waffengewalt entgegentrat. Bonifatius bereitete sich weitere zwei Jahre auf die Mission vor, wurde 717 in Nursling zum Abt gewählt und reiste 718 nach Rom, wo er am 14. Mai 719 vor Papst Gregor II. niederkniete und dessen Segen erbat. Der 14. Mai ist der Tag des römischen Märtyrers Bonifatius, der um 306 n. Chr. im türkischen Tarsus getötet wurde und der uns heute noch als einer der Eisheiligen bekannt ist. Also gab Papst Gregor II. dem Mönch Winfried den Namen des Tagesheiligen und zudem Segen und Sendung als Missionar.

Bonifatius bereiste 719-721 Thüringen, Friesland und Hessen. Sprachprobleme hatte er in Friesland nicht, denn sein altes Englisch war dem alten Friesisch so ähnlich, dass er sich mit den Friesen muttersprachlich verständigen konnte. Bei seinen Missionierungsversuchen musste er immer wieder feststellen, wie mühsam es war, Germanen und Friesen vom Christentum zu überzeugen. Oftmals waren sie zwar bereit, sich auf den neuen Glauben einzulassen, wollten aber dem alten nicht abschwören. Oder sie versuchten Bedingungen zu stellen wie Radbod, der sich zwar kurz für das Christentum zu interessieren schien, sich aber nur taufen lassen wollte, wenn auch all seine bereits verstorbenen Vorfahren durch seine Taufe aus der höllischen Verdammnis in den Himmel auffahren könnten. Als man ihm erklärte, dass dies nicht möglich sei, kam es zu dem bekannten Zitat „Lieber bin ich frei bei meinen friesischen Vorfahren in der Hölle als bei den Franken im Himmel."

Auch getaufte Christen hielten an den alten Ritualen fest oder vermischten beide Glaubensrichtungen und brachten dem christlichen Gott die Menschenopfer, die sie sonst den germanischen Göttern erbracht hätten. Christliche und heidnische Symbole und Bräuche existierten nebeneinander oder vermischten sich.

Aber Bonifatius ließ sich nicht entmutigen. Innerhalb des Limes, also auf römischem Herrschaftsbereich, hatte sich der christliche Glaube schon früh verbreitet, nun sah er es als seine Aufgabe, die Germanen nördlich des Limes zu bekehren und die vereinzelten Christengemeinden flächendeckend zu vernetzen.

722 wurde Bonifatius nach Rom gerufen, um zum Missionsbischof geweiht zu werden. 723-725 zog er über das hessische Fritzlar wieder nach Thüringen. Er war zu der Überzeugung gekommen, dass er am besten vom Christentum überzeugen konnte, indem er bewies, dass die germanischen Gottheiten machtlos waren. Einen immer wieder zitierten Beweis dieser Art trat er 724 in Geismar in der Nähe des heutigen Fritzlar an: Er fällte eine dem germanischen Wettergott Donar (= Thor) geweihte Eiche - die von allen Anwesenden erwartete Strafe der heidnischen Götter blieb aus, welch ein kraftvolles Symbol für die Überlegenheit des Christentums!

O Tannenbaum

In England gibt es die Legende, dass Bonifatius den Weihnachtsbaum erfunden habe: Zwischen den Wurzeln der gefällten Donar-Eiche wuchs eine zarte junge Tanne. Bonifatius wies auf sie und gebot den Umstehenden, in der dunkelsten Jahreszeit eine Tanne in die Wohnstube zu holen und sich beim Anblick des immergrünen Baumes daran zu erinnern, dass Jesus Christus das beständige Licht im Leben aller Gläubigen sei.

Papst Gregor III. ernannte Bonifatius 732 zum Erzbischof und zum päpstlichen Vikar für das ostfränkische Reichsgebiet. Bonifatius reorganisierte die Kirche in Bayern, indem er acht neue Bistümer und zahlreiche Klöster und Kirchen gründete. 738 wurde er bei seiner dritten Romreise zum päpstlichen Legat für das Frankenreich ernannt. Nun machte er sich an die Umstrukturierung der fränkischen Kirche und gründete die Bistümer Regensburg, Freising, Passau, Salzburg, Büraburg (bei Fritzlar), Würzburg, Erfurt und Eichstätt. Er wurde 746 erster Erzbischof von Mainz, wobei der Titel zu dieser Zeit noch auf seine Person bezogen war, denn Mainz wurde erst 782 Erzbistum.

Seinem Schüler Sturmius erteilte er 744 den Auftrag, in Fulda ein Kloster zu gründen. An diesem Kloster hing sein ganzes Herz und wann immer er konnte, erholte er sich von seinen vielfältigen Verpflichtungen in Fulda. Schließlich bestimmte er Fulda zu seiner Grabstätte.

Im hohen Alter von etwa 80 Jahren erwachte 754 erneut die missionarische Unruhe in ihm, er reiste nach Friesland und wurde Bischof von Utrecht. Am 5. Juni 754 wurde er dort in der Nähe von Dokkum (zwischen Ameland, Franeker und Groningen) während eines Tauffestes von den heidnischen Friesen ermordet, mit ihm 52 seiner Gefährten. Aus friesischer Sicht war dies allerdings kein Mord, denn nach ihrem Lex Frisionum hatten sie das Recht ihn zu töten, weil er ihre Heiligtümer zerstört hatte.

Benannt nach einem Märtyrer ging Bonifatius nun selbst als Märtyrer in die Geschichte ein. Wegen seiner beachtlichen Erfolge bei der Bekehrung der Heiden wird Bonifatius auch der Apostel der Deutschen genannt.

Trauerzug des Bonifatius

Die Diözesen Mainz und Utrecht hätten nach seinem Tod nur zu gern die Leiche des Bonifatius bestattet, doch man erinnerte sich seines Wunsches, in Fulda die letzte Ruhe zu finden. Das Schiff, das seinen Leichnam rheinaufwärts brachte, erreichte vermutlich am 4. Juli 754 den Hafen von Mainz. Erzbischof Lullus überlegte erneut, Bonifatius in Mainz zu bestatten. Nun setzte aber der Legende nach der Verstorbene selbst seinen letzten Willen durch: Seine Wunden brachen blutend auf und er erschien einem Geistlichen im Traum. Also erklärte sich Lullus dann doch mit der Überführung nach Fulda einverstanden.

Der exakte Verlauf der gewählten Strecke ist nicht mehr mit Gewissheit anhand eines historischen Befundes zu ermitteln. Der Bonifatiusforscher Christian Vogel macht aber in seinem Buch (☞ zu Literatur) und auf seiner Homepage zum Bonifatiusweg (☞ zu Bonifatiusweg) logische, überzeugende und sehr plausible Rekonstruktionsvorschläge. Fest steht, dass am 9. Juli 754 der Leichnam unter der geistlichen Führung des Erzbischofs Lullus auf einem Schiff von Mainz über den Rhein hinweg und durch die Mainmündung hinauf nach Hochheim gebracht wurde. Danach wird der

Weg wohl unterhalb des Taunus über Wicker, Weilbach, Marxheim und Kriftel geführt haben. Hinter Kriftel zog der Trauerzug vermutlich auf der alten Römerstraße über Zeilsheim und Eschborn in die Wetterau. Bei Heldenbergen ging man auf der heute verschwundenen Steinstraße und der Grünen Straße weiter, um dann auf der Alten Römerstraße zum Glauberg zu gelangen. Zuvor wurden der Limes und der Vogelsberg überquert. Nun war Fulda nicht mehr fern, dort durchwatete der Trauerzug noch kurz vor der Stadt eine Furt und erreichte am 16. Juli 754 sein Ziel.

Das Erbe des hl. Bonifatius

Der Fuldaer Dom wurde 1704-1712 auf dem Fundament einer karolingischen Basilika erbaut. In seiner Krypta fanden die irdischen Überreste des hl. Bonifatius ihre letzte Ruhe, sie wird daher auch Bonifatiuskapelle genannt. Zu allen Zeiten zog es katholische Pilger aus ganz Deutschland zu seinem Grab. Seit 1867 treffen sich die deutschen Bischöfe hier in Fulda zu ihren Beratungen. Dies liegt nicht nur an der geografisch günstigen Lage der Stadt in der Mitte Deutschlands, sondern manifestiert in erster Linie, dass sich hier am Grab des hl. Bonifatius das Zentrum der deutschen Katholiken befindet.

Mit einem Symbol dokumentieren die deutschen Christen, dass sie sich mit dem Tatort des Mordes versöhnt haben: Zwischen Dokkum und Fulda besteht eine Städtepartnerschaft, denn beide Orte verbindet die Erinnerung an Leben, Wirken und Sterben des hl. Bonifatius, beide sind heute Wallfahrtsorte für die Katholiken.

Geschichte der Bonifatius-Route

Im Jahr 2000 wurde die Idee geboren, entlang der ursprünglichen Strecke des Trauerzuges eine wanderbare Strecke zu suchen und als Pilgerroute zu gestalten. Maßgeblich beteiligt waren die katholischen Bistümer Mainz, Limburg und Fulda, die evangelische Kirche Hessen-Nassau und Kurhessen-Waldeck, die kreisfreien Städte Frankfurt und Fulda sowie die Landkreise Fulda, Main-Taunus, Main-Kinzig, Wetterau und der Vogelsbergkreis. Sie schlossen sich zu einer Arbeitsgruppe für eine neu zu schaffende Bonifatius-Route zusammen.

Nur ein Jahr verging zwischen der Gründung des Vereins Bonifatius-Route e.V. im Jahr 2003 und der Eröffnung und Erstbegehung der neu angelegten und markierten Route von Mainz nach Fulda am 10. Juli 2004 mit dem Mainzer Bischof Kardinal Karl Lehmann, dem Ratsvorsitzenden der EKD Bischof Huber und den Ministerpräsidenten Roland Koch und Kurt Beck. Sie sehen, hier arbeiten die christliche Ökumene und die weltlichen Kommunen und Länder Hand in Hand.

Satzungsgemäße Aufgabe des Vereins ist es, „die kulturelle und religiöse Bedeutung dieses Weges als moderne Wander- und Pilgerroute begeh- und erlebbar zu machen", wie es in einem kostenlosen Infoblatt des Vereins nachzulesen ist. Mitglieder sind öffentliche Institutionen und Privatpersonen. Wenn Sie mehr über eine Mitgliedschaft erfahren oder einen Stempelausweis anfordern wollen, können Sie sich schriftlich an den Verein wenden oder sich auf der Homepage des Vereins informieren:

♦ Verein Bonifatius-Route e.V., 🖳 www.bonifatius-route.de

*Pilgerpass
für die Bonifatiusroute*

Auch für die Zukunft ist vom Verein Bonifatius-Route e.V. einiges für die Pilger geplant. So sollen entlang der Route Blutbuchen als Leitbäume gepflanzt werden. Die Eiche kommt ja als Leitbaum nicht in Frage, weil sie zu Missionierungszwecken von Bonifatius gefällt wurde, also bot sich die Blutbuche an, die das blutige Ende des Apostels der Deutschen symbolisieren soll.

Die Bonifatius-Route ist ein Pilgerweg, der sich an den historisch verbrieften Weg des Trauerzuges anlehnt, aber immer dann davon abweicht, wenn es für den Wanderer ohne Weg und Steg zu anstrengend würde, wenn kulturelle Sehenswürdigkeiten oder Versorgungsstellen und Übernachtungsmöglichkeiten einen Umweg rechtfertigen oder wenn es parallel zur Autobahn zu langweilig würde. Sie orientiert sich also an bestehenden Wanderwegen und meidet die Schnellstraßen, die an manch einer Stelle anstatt der alten Römerstraße gebaut wurden, auf der Bonifatius' Leichnam transportiert wurde. So sind Sie auf historischem Boden immer im ungefähren Korridor des Trauerzuges unterwegs.

Bonifatiusweg

Nicht verwechselt werden darf die Bonifatius-Route mit dem historischen Bonifatiusweg. Damit wird die Strecke bezeichnet, auf der nach Auswertung der historischen Quellen und der Geländegegebenheiten höchstwahrscheinlich der Leichnam des hl. Bonifatius transportiert wurde. Dieser Strecke sind wohl auch schon unmittelbar nach der Überführung und in den darauf folgenden Jahrhunderten die Bonifatiuspilger gefolgt. Der aktuelle Forschungsstand ergibt für diesen historischen Pilgerweg zwischen Hochheim und Fulda eine nur für echte Bonifatiusfans gangbare Strecke, die oft auch über stark befahrene Straßen wie die A66 und durch Gelände ohne Weg und Steg führt. Seit Jahren streift Christian Vogel auf der Suche nach Hinweisen für den genauen Streckenverlauf des Leichenzuges durch die Wälder und Felder zwischen Mainz und Fulda. Weiterführende Informationen finden Sie auf seiner Homepage 🖥 www.bonifatiusweg.eu.

Gründe für die Pilgerschaft

Die Beweggründe für eine Pilgerschaft auf der Bonifatius-Route sind so vielfältig wie die Pilger selbst. Das schiere Wandervergnügen wird auf dieser Strecke ebenso gesucht wie die spirituelle Nähe zum Apostel der Deutschen auf dessen letztem Weg. Andere machen sich auf den Weg, um die interessanten geistlichen, kulturellen und landschaftlichen Orte anzusehen und zu erleben, die durch die Bonifatius-Route miteinander verbunden sind. Ich traf unterwegs auch Pilger, die auf der Suche nach Gott waren oder zu sich selbst finden wollten. Und immer mehr Pilger nehmen diese Verbindungsstrecke zwischen den beiden Domstädten Mainz und Fulda als Trainingsstrecke für ihre lange Pilgerreise nach Santiago de Compostela (Jakobsweg), Rom (Via Francigena) oder Jerusalem.

Nach Schätzung von Pfarrer Racky aus Lißberg ist die Mehrheit der Bonifatiuspilger katholisch. Evangelische Christen machen die zweite, sehr starke Gruppe aus. Es sind nicht nur aktive Kirchgänger, sondern auch christlich getaufte, dann aber aus der Kirche ausgetretene Menschen, die sich dennoch mit Gott und seinem Missionar Bonifatius verbunden fühlen. Sie kommen zu deutlich über 80 % aus der durchwanderten Region plus einem umliegenden Radius von 100 km, aber auch Liechtensteiner, Briten, viele Niederländer und Pilger aus allen anderen Bundesländern und europäischen Staaten sind auf der Bonifatius-Route unterwegs.

Aus welchem Grund auch immer Sie sich auf die Bonifatius-Route begeben, Sie werden feststellen, welche Entspannung es bringt, sich zu Fuß durch die Landschaft zu bewegen, immer das Ziel vor Augen, denn der Weg ist das Ziel. Am Ende der Strecke werden Sie sich darüber freuen, es geschafft zu haben und das Bonifatius-Grab besuchen zu dürfen. Aber wahrscheinlich werden Sie auch etwas Wehmut verspüren, dass nun der gleichmäßige Rhythmus von Wandern und Rasten sein Ende findet. Nehmen Sie die Erfahrungen Ihrer Pilgerschaft möglichst mit in den Alltag hinüber, vor allem die Gelassenheit, die sich bei den meisten Pilgern schon nach wenigen Tagen einstellt.

Pilgern auf dem Jakobsweg

Viele historische und markierte Jakobswege führen inzwischen durch Deutschland. Bonifatius-Pilger treffen im östlichen Teil ihrer Route auf Markierungen für einen dieser Wege, er verläuft von Fulda über Herbstein nach Schotten. Von dort laufen die Jakobspilger entweder über Frankfurt oder über Koblenz weiter Richtung Santiago de Compostela.

Pilgerausweise

Der offizielle Pilgerausweis des Bonifatius-Vereins ist in vielerlei Hinsicht nützlich für Ihre Pilgerfahrt: Er macht Sie offiziell zum Bonifatiuspilger und erleichtert Ihnen mitunter die Suche nach einer Unterkunft. Er enthält Stempelfelder, die Sie sich in Unterkünften, Touristeninformationen und Kirchen täglich zumindest einmal abstempeln lassen sollten, damit Sie einen Nachweis darüber haben, den Weg auch wirklich hinter sich gebracht zu haben. Weitere Vorteile des Pilgerausweises sind die Vergünstigungen, die mitunter von Hotels, Museen und Gaststätten gewährt werden.

⊙   Erhältlich ist er über die Homepage des Bonifatius-Vereins,
 💻 www.bonifatius-route.de, und in der Mainzer Dominformation für € 3.

Pilgerkennzeichen

Pilger auf der Bonifatius-Route können nicht auf ein bekanntes Symbol wie die Muschel der Jakobspilger oder die Petrusschlüssel der Rompilger zurückgreifen. Wer aber das Bedürfnis hat, sich an seinem Rucksack als Bonifatius-Pilger zu kennzeichnen, kann eines der Markierungsschilder nehmen. Sie sind beim Verein Bonifatius-Route e.V. oder in der Mainzer Dominformation erhältlich.

✋   Bitte entfernen Sie keine der Markierungen am Wegesrand. Das führt andere Pilger in die Irre und verstößt gegen das göttliche Gebot „Du sollst nicht stehlen!" Und Sie sind jederzeit als Dieb erkennbar, denn die echten Markierungsschilder haben zwei Löcher (zum Annageln an Zäune und Bäume), während die rechtmäßig erworbenen Schildchen nur ein Loch (zum Befestigen am Rucksack) haben!

Wanderrichtung

Die übliche Wanderrichtung für die Bonifatius-Route entspricht dem Weg des Leichenzuges, also von Mainz nach Fulda. Wir trafen aber auch einige Pilger, die den gesamten Weg in Gegenrichtung gingen. Im östlichen Teil verläuft der Jakobsweg auf der Bonifatius-Route, Jakobspilgern kann dieser Führer also auch hilfreich bei der Suche nach Weg und Unterkunft sein. Gekennzeichnet ist die Route in West-Ost-Richtung, die Markierungen sind meist aber auch in Gegenrichtung gut erkennbar.

Reise-Infos von A bis Z

Gasthausschild Zum Lahmen Esel

Anreise und Verkehrsmittel unterwegs

🚶 zu Fuß

Von Bonn nach Wiesbaden führt seit dem Jahr 2005 der 320 km lange Rheinsteig durch das obere Mittelrheintal. Sportliche Naturen starten also in Bonn, nähere Infos auf 💻 www.rheinsteig.de.

📖 Thorsten Hoyer, Deutschland: Rheinsteig, Conrad Stein Verlag,
   ISBN 978-3-86686-220-3, € 9,90

🚗 Auto

Mainz erreichen Sie von Westen (Bingen) kommend auf der Autobahn A60, von Süden (Wörrstadt) auf der A63, von Südosten (Darmstadt/Rüsselsheim) über die A67/A60, von Osten (Frankfurt/Main) über die A 66 und von Norden (Köln, Limburg) über die A3.

An Fulda führt die A7 (Kassel-Würzburg) in Nord-Süd-Richtung vorbei und hier beginnt/endet die A66 nach Mainz und Frankfurt im Westen.

🚢 Linienschiff

Eine Anreise ist auch mit dem Linienschiff möglich. Die KD bedient den Haltepunkt Mainz von Köln, Bonn und Koblenz aus.

◆ Köln-Düsseldorfer Rheinschifffahrt AG, Frankenwerft 35, 50667 Köln,
   ☎ 02 21/20 88-3 18, 💻 www.k-d.com, ✉ info@k-d.com

🏊 Flug

Mit internationalen und nationalen Linienflügen gut zu erreichen, liegt der Frankfurter Flughafen zwischen Start- und Zielpunkt der Bonifatius-Route:

◆ Fraport AG, Frankfurt Airport Services Worldwide, 60547 Frankfurt am Main,
   ☎ 069/69 00, 💻 www.frankfurt-airport.de

🚂 Bahn

An- und abreisen können Sie bequem auch mit der Bahn. Die Fernverkehrsbahnhöfe Mainz Hbf und Fulda sind Haltepunkte für ICE und IC. Beide Bahnhöfe sind gut an Frankfurt angebunden, Mainz wird von der Regionalbahn 75, der S-Bahn S8 und dem Stadtexpress/Regionalexpress 80 bedient, Fulda vom Regionalexpress 35, 50, 51, 53 und von den Regionalbahnen 35, 51, 52.

◆ Deutsche Bahn AG, ☏ 08 00/150 70 90 (automatische Fahrplanauskunft),
✉ reiseportal@bahn.de, 🖳 www.bahn.de (Online-Verbindungssuche),
☏ 018 05/99 05 99 (zentrales Fundbüro der DB)

Mit den Bahnen des Rhein-Main-Verkehrsverbundes erreichen Sie im Westen nahezu jedes Etappenziel, erst hinter Glauburg müssen Sie auf Buslinien ausweichen.

◆ Rhein-Main-Verkehrsverbund, Alte Bleiche 5, 65719 Hofheim, ☏ 061 92/294-2 03 (Wanderkartenanforderung), ☏ 018 05/768 46 36 (Fahrplanauskunft),
🖳 www.rmv.de, ✉ freizeit@rmv.de

Verbindungen der Orte an der Route miteinander oder mit Frankfurt:

S1	Wiesbaden Hbf - Kastel - Hochheim - Flörsheim - Eddersheim - Hattersheim - Frankfurt
RE10 + S9	Wiesbaden Hbf - Kastel - Frankfurt
S2	Niedernhausen - Hofheim - Kriftel - Frankfurt
R12	Königstein - Liederbach - Liederbach Süd - Unterliederbach - Frankfurt
SE13	Bad Soden - Sulzbach - Höchst
S3	Bad Soden - Eschborn - Eschborn Süd - Frankfurt
S4	Kronberg - Eschborn - Eschborn Süd - Frankfurt
S5	Friedrichsdorf - Bad Homburg - Weißkirchen/Steinbach - Frankfurt
S6	Friedberg - Groß-Karben - Dortelweil - Bad Vilbel - Frankfurt
RB/SE 30, 32, 40	Friedberg - Bad Vilbel - Frankfurt
RB33	Friedberg - Nidderau - Hanau
RB/SE 34	Stockheim - Glauberg - Altenstadt - Eichen - Nidderau - Windecken - Büdesheim - Bad Vilbel - Frankfurt
Vogelsbergbahn (R35)	Bad Salzschlirf - Großenlüder - Bimbach - Fulda

🚌 Bus

Auch die Buslinien werden vom RMV geführt. Entlang der Strecke habe ich folgende Linien entdeckt, die Ihnen unterwegs nützlich werden könnten, grob sortiert von West nach Ost:

28, 56, 57, 91	Mainz - Kastel
54, 55	Mainz - Kastel - Kostheim - Gustavsburg
68	Mainz - Kastel - Hochheim
48	Wiesbaden - Hochheim
46	Wallau - Massenheim - (Wicker als AST) - Hochheim
809	Hochheim - Flörsheim - Wicker - Weilbach - Marxheim - Hofheim
818/819	Flörsheim - Wicker - Weilbach
834/835	Hofheim - Kriftel - Hattersheim
812	Hofheim - Liederbach - Bad Soden
810	Hofheim - Kriftel - Eschborn
58	Eschborn - Höchst - Flughafen
63	Bad Vilbel - Massenheim
64	Bad Vilbel - Dortelweil
26	Rosbach - Kloppenheim - Groß-Karben - Klein-Karben - Rendel - Gronau - Bad Vilbel
562	Eichen - Kaichen - Heldenbergen - Windecken - Bruchköbel - Hanau
71	Friedberg - Altenstadt - Lindheim - Düdelsheim - Büches - Büdingen
41	Altenstadt - Glauberg
45	Altenstadt - Lindheim - Glauberg - Stockheim
42	Altenstadt - Oberau - Waldsiedlung - Rommelshausen - Hainchen - Himbach - Eckhartshausen - Büdingen
563	Altenstadt - Oberau - Waldsiedlung - Rommelshausen - Himbach - Bruchköbel - Hanau
94	Lindheim - Glauberg - Stockheim - Selters - Ortenberg - Eckartsborn - Lißberg - Hirzenhain - Gedern - Burkhards - Sichenhausen (nur Sa, So, Fei)
43	Hainchen - Lindheim - Düdelsheim - Büches - Büdingen
22	Büdingen - Büches - Düdelsheim - Stockheim - Effolderbach - Selters - Ortenberg - Eckartsborn - Lißberg - Hirzenhain - Gedern - Burkhards - Sichenhausen - Hoherodskopf
21	Nidda - Glashütten - Hirzenhain - Merkenfritz - Steinberg
391	Gedern - Burkhards - Herchenhain

90	Schlitz - Herbstein - Altenschlirf - Nösberts-Weidmoos - Grebenhain - Gedern - Hirzenhain - Lißberg - Eckartsborn - Ortenberg - Selters - Stockheim (nur Sa, So, Fei)
91	Lauterbach - Herbstein - Ilbeshausen/Hochwaldhausen - Hoherodskopf (nur Sa, So, Fei)
95	Grebenhain - Hoherodskopf (nur Sa, So, Fei)
45	Herbstein - Hochwaldhausen - Ilbeshausen (nur Sa, So, Fei) - Grebenhain - Nösberts-Weidmoos - Altenschlirf - Steinfurt - Schlechtenwegen
42/53	Herbstein - Altenschlirf - Steinfurt - Schlechtenwegen
48	Herbstein - Schadges - Stockhausen - Blankenau
60	Weidenau - Hosenfeld - Hainzell - Blankenau - Kleinlüder - Fulda
3	Bimbach - Fulda

Taxi

Taxifahrten sind die teuerste öffentliche Fortbewegung. Je nachdem wo man gestrandet ist, ist es aber die einzige Chance, weiterzukommen. Gezahlt werden im städtischen Bereich nur die Grundgebühr und die mit dem Passagier gefahrenen Kilometer, im ländlichen Bereich berechnen die Taxiunternehmer zum Teil auch die Anfahrt zu der Stelle, an der der Passagier abgeholt wird.

Ausrüstung

Sparen Sie am Gewicht Ihres Gepäcks, nicht an der Qualität der Ausrüstung. An einem billigen Rucksack oder an schlecht sitzenden Schuhen kann die gesamte Wanderung scheitern.

Imprägnieren Sie Rucksack, Schuhe und Jacke. Vielleicht nehmen Sie auch zusätzlich eine Regenschutzhülle für den Rucksack mit, wenn Sie keinen Regenponcho haben, der auch den Rucksack bedeckt. Reiseutensilien, die nicht nass werden dürfen, sind gut in einem kleinen Plastikbeutel aufgehoben. Beim Packen achten Sie darauf, schwere Gegenstände nah am Körper zu verstauen. Ihr Rücken wird es Ihnen danken. Sachen, die häufig gebraucht werden, passen in die Außentaschen oder direkt unter die Deckelklappe. Achten Sie darauf, den Rucksack möglichst leicht zu halten. Das gilt besonders für diejenigen, die zelten wollen. Unbedingt zuhause

Probe packen, auswiegen (sogar bei Unterwäsche gibt es verblüffende Gewichtsunterschiede), auf eine Trainingswanderung mitnehmen und anschließend gnadenlos ausmisten. 10 kg sollte die Obergrenze für den Rucksack sein, die Tagesration Essen und mindestens 2 l Getränk eingeschlossen. Alles andere ist Schinderei. Dies kann natürlich nur als Empfehlung für Wandereinsteiger gelten, echte Profis, die regelmäßig mit kompletter Campingausstattung unterwegs sind, werden sich ohnehin von meinen Empfehlungen nicht beirren lassen.

Allgemeine Ausrüstung
- ☐ Rucksack mit Innengestell und gut gepolsterten, verstellbaren Gurten für Schultern, Hüfte und Rücken
- ☐ dieses Buch
- ☐ Taschenmesser
- ☐ Kompass
- ☐ Streichhölzer
- ☐ Trillerpfeife (für Notsignale)

Kleidung
- ☐ Wanderschuhe (Sohle mit kräftigem Profil, die Knöchel müssen fest umschlossen sein)
- ☐ Socken (die Kombination aus dünner Wandersocke und ganz dünner Unterzieh-Socke erzeugt weniger Blasen als eine dicke Socke)
- ☐ Wanderhose (mit mind. 1 großen Tasche für Wanderkarte)
- ☐ Fleecepullover oder Fleecejacke
- ☐ Anorak/Regenjacke, sollte nicht nur kurze Schauer, sondern auch einen zweistündigen Landregen aushalten!
- ☺ besser noch: Anorak plus Kraxenponcho (schützt den Rucksack gleich mit) oder Trekkingschirm (darunter schwitzt man nicht so)
- ☐ Weste mit vielen Taschen (für Geldbörse, Wanderführer, Wanderausweis, Mobiltelefon, Lippenpflegestift, mp3-Player oder was immer Sie nicht täglich mehrfach aus dem Rucksack heraus kramen wollen)
- ☐ Unterhosen
- ☐ Sport-BH (abhängig von Geschlecht und Brustgröße)
- ☐ T-Shirts

☐ Sonnenhut (im Winter eher Mütze, Schal, Handschuhe)

☺ Je 3x Unterhose, T-Shirt, Socken haben sich bewährt: 1x am Körper, 1x vom Waschen letzte Nacht noch nicht ganz trocken, 1x Reserve. Zur Wanderhose eine Reservehose bzw. Rock/Kleid für abends, wenn man nicht stinkend ins Restaurant gehen will. Alles möglichst leicht, knitterfrei und farblich zueinander passend aussuchen, Sie wollen sich darin ja auch wohl fühlen.

Körperpflege

☐ Kulturbeutel incl. Lippenpflege

☐ Sonnenbrille

☐ Handtuch

Erste Hilfe

☐ Blasenpflaster

☐ Hirschtalg zur Blasenvorbeugung (Stift, nicht Creme)

☐ Schmerztabletten

☐ Sonnenschutzmittel

☐ Insektenschutz (Allergiker: Calcium nicht vergessen)

☐ Pflasterstreifen

☐ Wundschnellverband

☐ Rettungsdecke

☐ elastische Binde

☐ Verbandpäckchen

☐ Schutzhandschuhe

☐ Dreiecktücher

☐ Wundsalbe

☐ Sportsalbe (Mobilat, Voltaren, Kytta & Co)

☐ Zinksalbe/Babycreme/Silikonsalbe (für Menschen, die sich schnell einen Wolf laufen)

☐ persönliche Medikamente

Sonstiges

☐ Geldbörse

☐ Papiere (Personalausweis, Studentenausweis etc.)

☐ Reiseunterlagen, Tickets

Außerdem je nach Interesse/Bedarf/Tragkraft

- ☐   Tagebuch
- ☐   Pilgerpass
- ☐   Fotoapparat + Filme/Speicherkarten
- ☐   Campingausstattung (Leichtgewichtszelt, Schlafsack, Isomatte, Hängematte,...)
- ☐   Kocher, Geschirr, Besteck, Schwamm
- ☐   Wandersandalen (für ebene Streckenabschnitte und abends)
- ☐   Regenüberhose/Beinlinge
- ☐   Bluse/Hemd
- ☐   Badeanzug/Badehose
- ☐   Kontaktlinsenzubehör
- ☐   Reservebrille
- ☐   Feuchttücher (für saubere Hände)
- ☐   Jugendherbergsausweis
- ☐   Scheckkarte, Kreditkarte

Saufsack - Trinken ohne den Rucksack abnehmen zu müssen

- ☐ Pflanzenbestimmungsbuch
- ☐ Thermosflasche + Tasse (besonders in den kalten Jahreszeiten)
- ☐ Höhenmesser
- ☐ Schrittzähler
- ☐ Handy + Ladegerät + Adapter
- ☐ Thermometer (als kleiner Rucksackanhänger)
- ☐ GPS + Ladegerät + Ersatzbatterien
- ☐ Fernglas
- ☐ Kartenmesser
- ☐ Teleskopwanderstöcke (besonders bei schwachen Kniegelenken)
- ☐ Nähzeug
- ☐ große Sicherheitsnadeln (damit werden z. B. Handtücher und Kleidung am Rucksack zum Trocknen aufgehängt)
- ☐ „Saufsack" (Wasserbeutel mit Schlauch, aus dem Sie trinken können, ohne den Rucksack abzunehmen, sehr praktisch!)

🏪 Einkaufen

Die Bonifatius-Route führt zwar nur an Start und Ziel durch die großen Städte Mainz und Fulda mit perfekter Infrastruktur bis hin zum Kontaktlinsenspezialisten, aber auch im Westteil der Strecke finden Sie rund um Frankfurt viele gute Einkaufsmöglichkeiten. Im Osten werden sie in dem Maße knapper, in dem die Bebauung der herrlich ländlichen Natur weicht. Auf allen Tagesetappen kommen Sie zumindest an einem kleinen Tante-Emma-Laden, einem Tankstellenshop oder einem Tabakladen mit Süßigkeitenverkauf vorbei, wo Sie Ihre Vorräte zumindest notdürftig auffüllen können.

Gewöhnlich können Sie etwa zwischen 9:00 und 18:00 einkaufen, im ländlichen Bereich sind die Läden zur Mittagszeit geschlossen. Die großen Supermärkte sind von 8:00 bis 20:00 geöffnet, z.T. sogar bis 24:00. Samstags schließen die Läden zum Teil schon mittags, sonntags sind nur Bäckereien und Tankstellen geöffnet.

In vielen Unterkünften können Sie Lunchpakete bestellen, die einen Einkauf unterwegs entbehrlich machen. Wasser erhalten Sie nach meiner Erfahrung auf der Bonifatius-Route bei fast jedem Anwohner, den Sie freundlich darum bitten.

⌂ *Ein heißer Tee macht die Rast perfekt*

✗ Essen und Trinken

Die gute Infrastruktur auf der Strecke umfasst auch zahlreiche Restaurants, Cafés, Bistros, Imbisse und Biergärten. Selten sind Sie länger als drei Stunden ohne Einkehrmöglichkeit unterwegs. Damit das Buch nicht zu dick wird, habe ich die ✗ Restaurants, die ☕ Cafés/Bistros und die ♟ Kneipen/Biergärten/Kioske meist in die Überschrift der Ortsinformation genommen, nur ganz besondere „Futterkrippen" werden extra erwähnt, z. B. wenn es weit und breit keine andere Einkehrmöglichkeit gibt oder wenn sich dort eine ⊙ Stempelstelle für Ihren Pilgerpass befindet. Hier einige Vokabeln, um unterwegs satt zu werden:

Äppelwoi = Apfelwein (süß gespritzt: mit Zitronenlimonade, sauer gespritzt: mit Mineralwasser)

Beulches = Vogelsberger Spezialität: Masse aus geriebenen Kartoffeln, Solberfleisch und Lauchstreifen, gekocht im Stoffbeutel

Grüne Soß = kalte Sauce mit mindestens sieben verschiedenen Kräutern, dazu gibt es meist Salzkartoffeln und hartgekochte Eier

Handkäs = Magerkäse

Handkäs mit Musik = eingelegter Handkäs mit Zwiebeln

Kreppel = Berliner, Krapfen (mit und ohne Füllung)

Krumbeern = Kartoffeln

Maddekuche = Käsekuchen

Persching = Pfirsich

Ribbelkuche = Streuselkuchen
Rippcher = Rippchen
Solberfleisch = eingesalzenes, gepökeltes Schweinefleisch, meist Rippchen
Süßer = frisch gekelterter Apfelsaft
Weck = Brötchen, Semmel
Woscht = Wurst

Etappen

So unterschiedlich die Beweggründe für eine Pilgerwanderung sind, so unterschiedlich ist auch die bevorzugte Etappenlänge der Pilger. Am häufigsten habe ich Menschen getroffen, die ihr Tagesziel nach 20-25 km erreichen wollen, sportliche Naturen reizt es, nah an die 40 km zu kommen. Meine beiden nachfolgenden Vorschläge gehen von dieser Größenordnung und von den vorhandenen Unterkünften aus. Eilige, konditionsstarke, schwächere und unerfahrene Pilger können sich die Etappen fast überall auch länger oder kürzer setzen.

9 Wandertage:

Tag 1:	Mainz bis Bad Weilbach	18,7 km
Tag 2:	Bad Weilbach bis Eschborn	22,3 km
Tag 3:	Eschborn bis Dortelweil	17,6 km
Tag 4:	Dortelweil bis Windecken	18,0 km
Tag 5:	Windecken bis Düdelsheim	26,0 km
Tag 6:	Düdelsheim bis Hirzenhain	24,2 km
Tag 7:	Glashütten bis Hochwaldhausen	23,2 km
Tag 8:	Hochwaldhausen bis Kleinheiligkreuz	19,2 km
Tag 9:	Kleinheiligkreuz bis Fulda	13,6 km

6 Wandertage:

Tag 1:	Mainz bis Zeilsheim	30,1 km
Tag 2:	Zeilsheim bis Dortelweil	28,5 km
Tag 3:	Dortelweil bis Altenstadt	31,7 km
Tag 4:	Altenstadt bis Lißberg	31,6 km
Tag 5:	Lißberg bis Hochwaldhausen	28,1 km
Tag 6:	Hochwaldhausen bis Fulda	32,8 km

Die Kapitel dieses Wanderführers beschreiben zum Teil deutlich kürzere Etappen. Am Ende dieser Mini-Etappen liegt immer eine Übernachtungsmöglichkeit oder eine S-Bahn-Station. So haben Sie die Möglichkeit, sich die Länge der Tagesstrecken individuell zusammenzustellen. Ich weiß ja nicht, wie lange Sie zum Fotografieren, Meditieren, Beten, Besichtigen, Einkaufen, … benötigen und wie gut Sie zu Fuß sind. Meine Entfernungsangaben weichen zum Teil von anderen Publikationen und Internetaufstellungen ab, die von einer Länge der Gesamtstrecke zwischen 172 und 207 km schreiben, während ich auf 182,8 km komme. Das hat unterschiedliche Gründe. Zum Beispiel werden Wege oftmals auf Landkarten ausgerädelt oder auf digitalen Karten ausgemessen, während ich auf die tatsächlich von mir gegangenen Strecken zurückgreife. Mitunter wird großzügig abgerundet, um den Wanderer nicht zu entmutigen.

Ich hingegen finde es frustrierender, weiter wandern zu müssen als vorher nachgelesen. Daher gebe ich ehrliche, bei der Wanderung per GPS ermittelte Kilometer an. Es kann also eher sein, dass Sie bei der einen oder anderen Teiletappe ein paar Hundert Meter weniger brauchen, weil ich für Fotos und Notizen immer wieder kleine Umwege und Abstecher gegangen bin.

Jede Etappe beginnt mit der ➲ Kilometerzahl, den ↑ bergauf und ↓ bergab zu bewältigenden Höhenunterschieden, den Höhenmetern ⇧ „von-bis" und einem Hinweis auf die Seite, auf der die entsprechende Karte nebst Höhenprofil zu finden sind. So können Sie genauer planen, welche Steigung Sie an einem Tag hinaufschnaufen wollen oder welches Gefälle Sie Ihrem Arthroseknie zumuten können.

Feiertage

Auf der Gesamtstrecke einheitlich werden gefeiert: Neujahr (1. Jan), Karfreitag, Ostermontag, Maifeiertag (1. Mai), Christi Himmelfahrt (Do 10 Tage vor Pfingsten), Pfingstmontag (7 Wochen nach Ostern), Fronleichnam (Do 10 Tage nach Pfingsten), Tag der deutschen Einheit (3. Okt) und 1. + 2. Weihnachtstag. In Rheinland-Pfalz wird außerdem Allerheiligen (1. Nov) gefeiert. Zu Heiligabend und Silvester sind viele Geschäfte und öffentliche Institutionen geschlossen oder im „Notbetrieb".

📷 Fotografieren

Die Strecke gibt schöne Motive für jede (digitale) Spiegelreflexkamera her. Bedenken Sie aber, dass mit den erforderlichen Objektiven, Stativ etc. schnell 4 bis 5 kg zusammenkommen, die bei jedem Schritt viel zu schwer auf die Schultern drücken.

Eine Kleinbild-Sucherkamera oder eine kleine Digitalkamera sind handlicher und bringen auch gute Ergebnisse. In Fotogeschäften können Sie meist Kleinbild-, APS- und Diafilme sowie Speichermedien für Digitalkameras kaufen. In den größeren Orten bieten Fotogeschäfte und Computerläden den Besitzern von Digitalkameras an, Fotos von allen gängigen Speichermedien auf CD und DVD zu brennen.

Frauen

Viele Pilger, darunter ebenso viele Männer wie Frauen, gehen die Bonifatius-Route allein. Wenn man diese fragt, ob die Tour auch für Frauen ohne männliche Begleitung geeignet sei, werden sie sofort bejahen. Ihnen werden männliche und weibliche Einzelpilger begegnen, die sich weder fürchten, noch Böses im Schilde führen. Wenn es Ihnen aber nicht geheuer ist, ohne Begleitung durch die Wälder zu wandern, fragen Sie besser eine Freundin, ob sie Sie begleitet oder Sie suchen in Pilgerforen nach Mitreisenden, die Sie dann vor Beginn der Pilgerfahrt schon treffen und kennenlernen können! Immer noch unsicher? Dann hilft vielleicht dies:

📖 Für Frauen, Conrad Stein Verlag, Basiswissen für draußen,
ISBN 978-3-89392-048-3, € 6,90

Geld

Nehmen Sie nicht unnötig viel Bargeld mit auf den Weg (in jedem größeren Ort gibt es Geldautomaten), aber so viel, dass Sie auch mehrere Tage die Übernachtungskosten in bar zahlen können. Kreditkarten und Reiseschecks werden nur von größeren Hotels akzeptiert. Mit Maestro-Karten können Sie eher Glück haben, sie werden auch in manchen Jugendherbergen akzeptiert.

Gepäck und 📷 Gepäckservice

Am Anfang jeder Pilgerwanderung steht eine Phase, in der Sie täglich einige Dinge aus dem Rucksack werfen werden. Bei manch einer Sache, die zuhause noch unentbehrlich schien, stellen Sie vielleicht unterwegs fest, dass deren täglich mitzuschleppendes Gewicht in keinem angemessenen Verhältnis zu ihrem Nutzen steht.

Dennoch werden einige Dinge nicht aus dem Rucksack weichen können. Manch ein Pilger möchte aber zumindest auf einzelnen Teilstrecken darauf verzichten, alle für die Übernachtung benötigten Utensilien den ganzen Tag über zu tragen. Hier bietet es sich an, nur mit Tagesrucksack zu wandern und das Gepäck in die nächste Unterkunft vorauszuschicken. Teilt man den Transportpreis durch mehrere Pilger, ist es ein preiswert erkauftes Wandervergnügen, besonders für Camper.

In fast jedem größeren Ort gibt es Taxiunternehmen 🚗, die Ihr großes Gepäck zum nächsten Vermieter oder Campingplatz bringen. Gepäckservice bieten auch viele Vermieter an, oft sogar preiswerter als Taxiunternehmen. Je nach Strecke ist mit € 5 bis 25 zu kalkulieren, bei typischen Tagesetappen von 20 bis 25 km werden meist um die € 15 erbeten.

Bei Pauschalanbietern ist üblicherweise der Gepäckservice im Paketpreis enthalten. Hier sei besonders der rührige Service von Via Soluna erwähnt. Das Paket kostet € 660 und umfasst 13 Reisetage, davon 11 Wandertage plus An- und Abfahrt, 12 Übernachtungen mit Frühstück, Wanderunterlagen einschließlich Pilgerpass sowie Gepäckservice. Dieses Angebot wendet sich besonders an untrainierte Pilger, die Tagesetappen sind zwischen 12 und 21 km lang.

♦   **Via Soluna** Reise- und Wanderservice GmbH, Berkere Straße 2 a, 59929 Brilon,
     ☎ 029 61/96 61 33, 💻 www.erlebniswelt-wandern.de,
     📧 info@erlebniswelt-wandern.de

🐕 Hunde

Die Bonifatius-Route ist auch für Vierbeiner gut machbar, wenn sie das Wandern gewöhnt sind. Viele Ortschaften sind zu durchwandern, an heißen Sommertagen kann es innerorts und auf den asphaltierten Feldwegen ziemlich heiße Pfoten geben. Es sollten daher nur kerngesunde, gut leinengängige Hunde mitgenommen werden, alles andere ist eine Quälerei für Mensch und Tier.

Die Strecke ist für jeden Hund abwechslungsreich und spannend, unser Carl wurde in den Dörfern und Städten zu einer echten Wanderbremse, weil es so viele spannende Stellen zu beschnuppern, Rüden zu verbellen und Hündinnen zu umgarnen gab. Wasser gibt es unterwegs reichlich. Wer einen wasserliebenden Hund hat, sollte für ihn ein Handtuch extra mitnehmen, um die Chance zu wahren, bei den Vermietern am Ende der Tagesetappe Aufnahme zu finden. Viele Vermieter heißen auch mitwandernde Hunde

Wir warten auf unsere Bahn

willkommen, allerdings stets nur nach vorheriger Vereinbarung und mitunter nicht im Zimmer ihrer Menschen. In Bus und Bahn werden Hunde problemlos mitgenommen.

📖　Trekking mit Hund, Conrad Stein Verlag, Basiswissen für draußen,
　　ISBN 978-3-86686-143-5, € 9,90

ℹ️ Information

Bonifatius-Route e.V.

Der eigens zur Schaffung und Erhaltung dieser Route gegründete Verein ist natürlich auch gleichzeitig der beste Ansprechpartner für Sie, wenn Sie auf der Suche nach Informationen zur Bonifatius-Route sind.

◆　Verein Bonifatius-Route e.V., 🖥 www.bonifatius-route.de

Regionale Touristeninformationen

Am Startpunkt hilft mit Infomaterial zur Region rund um **Mainz**:

◆　Touristik Centrale Mainz - Verkehrsverein Mainz e.V., Im Brückenturm am Rathaus,
　　☎ 06 11/28 62 10, 🖥 www.info-mainz/verkehrsverein

Mainz-Kastel und **Mainz-Kostheim** gehören allerdings zu Wiesbaden:

♦   Wiesbaden Tourist-Information, Marktstraße 6, 56183 Wiesbaden,
      ☎ 06 11/172 97 80 + 194 33, 💻 www.wiesbaden.de,
      ✍ touristinformation@wiesbaden.de

Zuständig für die Region nördlich von Mainz und Frankfurt ist der Taunus Touristik Service e.V. In seinen Zuständigkeitsbereich fallen die Orte **Hochheim, Flörsheim, Hattersheim, Hofheim, Liederbach, Sulzbach, Eschborn und Bad Vilbel**.

♦   Taunus Touristik Service e.V., Ludwig-Erhard-Anlage 1-5, 61352 Bad Homburg vor
      der Höhe, ☎ 061 72/999 41 40, 💻 www.taunus.info, ✍ ti@taunus.info

Im Raum **Frankfurt** kann außerdem weiterhelfen:

♦   Tourismus+Congress GmbH Frankfurt am Main, Kaiserstraße 56, 60329 Frankfurt,
      ☎ 069/21 23 78 80, 💻 www.frankfurt-tourismus.de, ✍ info@tcf.frankfurt.de

Von **Bad Vilbel** bis **Karben**, von **Altenstadt** bis **Hirzenhain** wandern Sie durch den Wetteraukreis.

♦   Wetteraukreis, Amt für Kreisentwicklung, Europaplatz, 61169 Friedberg,
      ☎ 060 31/830, 💻 www.wetteraukreis.de

In der Zuständigkeit der Vogelsberg-Touristik GmbH liegen die Orte **Hirzenhain, Glauburg, Ortenberg, Gedern, Ilbeshausen/Hochwaldhausen, Nösberts, Burkhards** und **Steinfurt**

♦   Zentrale Tourismusinformationsstelle Region Vogelsberg Touristik GmbH, Vogels-
      bergstraße 137, 63679 Schotten, ☎ 060 44/96 48 48,
      💻 www.vogelsberg-touristik.de

Ganz im Osten der Bonifatius-Route liegt das **Fuldaer Land**, das schon zur Rhön gehört:

♦   Fremdenverkehrsverband Rhön e.V., Wörthstraße 15, 36037 Fulda,
      ☎ 06 61/60 06-1 16, ✍ fvv-rhoen@t-online.de

Ab **Malkes** bis zum Ziel in **Fulda** informiert außerdem:

♦   Tourismus- und Kongressmanagement Fulda, Bonifatiusplatz 1, Palais Buttlar,
      36037 Fulda, ☎ 06 61/102-18 13 + -18 14, ✍ tourismus@fulda.de

📖 Karte

Der RMV hat 2012 seine kostenlose Wanderkarte zur Bonifatius-Route im Maßstab 1:50.000 in der dritten Auflage herausgebracht. Sie ist in allen RMV-Mobilitätszentralen oder auf Bestellung beim RMV und beim Verein Bonifatius-Route e.V. erhältlich. Wer nur noch die Auflage aus 2004 oder 2009 zu fassen bekommt: An einigen wenigen kleinen Stellen weicht die eingetragene Strecke inzwischen von der markierten Strecke in der Natur ab, ist aber immer noch ein guter Begleiter auf der gesamten Route. Auch für Wanderanfänger dürfte diese Karte in Verbindung mit den Markierungen und meinen Wegbeschreibungen ausreichen, um stets den Weg zu finden. Von den in der Grundlagenkarte z.T. noch nicht eingezeichneten Neubau- und Gewerbegebieten lassen Sie sich bitte nicht irritieren, der Weg ist korrekt eingezeichnet.

Kinder

Ein Kind mit auf eine Pilgerfahrt zu nehmen, die für Erwachsene schon mit Mühen verbunden ist, will gut überlegt sein. Es funktioniert in der Praxis eigentlich nur in belastbaren Teams und Familien, die lange Touren

An der Kapelle St. Anna

gewöhnt sind. Ganz kleine Kinder in der Kraxe oder im Fahrradanhänger durch jedes Wetter zu transportieren erfordert ein geduldiges Naturell und eine gute Kondition des Trägers bzw. Fahrers. Unsere unmittelbar vor dem Start 3 Jahre alt gewordene Tochter Aurelia genoss die Recherchetour sehr. Sie hatte Papa und Mama den ganzen Tag in ihrer Nähe, wurde bequem durch die Landschaft gefahren, konnte nach Herzenslust lesen und testete alle Spielplätze auf der Strecke. Außerdem war sie verantwortlich für das Stempeln der Pilgerpässe. Wir hätten nicht erwartet, mit welcher Gewissenhaftigkeit sie jede Kirche nach einem Stempel absuchte und wie sorgfältig sie die Pässe stempelte.

Bei den Unterkünften und Restaurants sind uns als besonders kinderfreundlich in Erinnerung geblieben: der Lahme Esel in Oberursel, die Birke in Burkhards und das Grüne Paradies & der Sauwirt in Hochwaldhausen.

Sie sehen: Gut vorbereitete und ausgerüstete Kinder, die gerne wandern bzw. radeln und mit verantwortungsvollen Erwachsenen unterwegs sind, werden die abwechslungsreiche Landschaft und die netten Leute schnell in ihr Herz schließen. Nur darf auf den langen Strecken die Laune nicht sinken, dabei helfen Spiele, Singen und spannend erzählte Geschichten.

📖   Wandern mit Kind - *zu Fuß* · *per Rad* · *mit Kanu*, Basiswissen für draußen,
        Conrad Stein Verlag, ISBN 978-3-86686-015-5, € 7,90

🌳 Klima und Reisezeit

Die Bonifatius-Route führt weitgehend durch die Mittelgebirgslandschaften Taunus und Vogelsberg, Landschaft und Wetter sind entsprechend abwechslungsreich. In den Weinbergen am Main kann es an Sonnentagen sehr heiß werden, besonders das Wandern auf den Asphaltstrecken ist mitunter eine Belastung für den Kreislauf und nur mit viel Flüssigkeitszufuhr und Sonnenschutz zu überstehen. Im Vordertaunus herrscht überwiegend mildes Klima, aufgrund der Höhenlage kann es im Vogelsberg kühler und rauer werden.

Alle Jahreszeiten haben auf der Bonifatius-Route ihren eigenen Charakter. Im Frühjahr fühlt man sich der aufblühenden Natur besonders nah, muss aber mit Regen und mit durch Schmelzwasser angeschwollenen Bächen rechnen. Der Sommer ist trotz der körperlichen Belastung an heißen Tagen bei Pilgern besonders beliebt, weil die Tage so schön lang sind.

Das kann zu Engpässen bei der Unterkunftssuche führen. Der Herbst bringt ideales Wanderwetter mit sich und Farbe in die Laubwälder des Vogelsberges. Einen besonderen spirituellen Reiz bietet das Pilgern in der Advents- und Weihnachtszeit. Dabei ist aber zu bedenken, dass die Tage sehr kurz sind, zahlreiche Unterkünfte im Winter schließen und die Fortbewegung durch Schnee, Matsch, Hochwasser und Eis erschwert wird.

Koordinaten

Zahlreiche Pilger nehmen zur besseren Orientierung einen GPS-Empfänger mit oder sind Geocacher und legen daher das Gerät ohnehin nicht aus der Hand. Ich habe daher in den Orten entlang des Weges Koordinaten mit Grad und Minutenangaben mit drei Nachkommastellen aufgeführt. Dies bringt Sie auf etwa 5 m genau ans jeweilige Ziel. Wer einen GPS-Empfänger mitnimmt, kann die Koordinaten schon zuhause eingeben.

Körperliche Voraussetzungen

Die Bonifatius-Route ist ein prima Fernwanderweg für Einsteiger. Im Westen liegen die Unterkünfte herrlich eng beieinander und es gibt nur wenige Steigungen. Spätestens nach einer Stunde erreichen Sie in diesem Bereich die nächste Bushaltestelle, falls die Füße gar nicht mehr wollen. Je weiter Sie nach Osten wandern, desto ländlicher und hügeliger wird die Strecke. Wer dann ohne Blasen, Krämpfe und sonstige Blessuren heil in Fulda angekommen ist, kann relativ sicher sein, auch auf dem Jakobsweg klarzukommen.Bedenken Sie, dass sich das Wetter im Lauf der Wanderung ändern kann. Kälte und Regen, vor allem aber Hitze, können zu Schwierigkeiten mit dem Kreislauf führen. Sie sollten fit genug sein, die gewählte Tagesetappe auch bei widrigen Wetterbedingungen und mit Gepäck zu bewältigen. Ein Besuch beim Hausarzt und Trainingswanderungen können letzte Zweifel beseitigen.

Land und Leute

Die Bonifatius-Route verbindet die beiden großen Städte Mainz und Fulda und führt aus dem Rheintal zur Mainmündung, den Main hinauf durch die fruchtbaren Weinberge des Rheingaus. Herrlich ländlich wird die Strecke nördlich von Frankfurt am südlichen Ende des Taunus durch den Ballungsraum Rhein-Main und die Wetterau geführt. Die Menschen hier sind, nach meiner Erfahrung während der Recherchen, sehr mit sich und ihrem Broterwerb beschäftigt, Wanderer werden oft nur als potentielle Kunden gesehen. Das heißt nicht, dass man Ihnen unfreundlich begegnen wird, es ist eher eine unaufmerksame Gleichgültigkeit, die sofort verfliegt, wenn Sie erst einmal ins Gespräch gekommen sind. In Unterkünften ist man hier eher auf Monteure und Messebesucher als auf Pilger eingestellt, also seien Sie bitte nachsichtig, wenn ein andernorts selbstverständlicher Wunsch erst noch hinterfragt wird.

Im Vogelsberg wird es stiller und ländlicher, die Mittelgebirgslandschaft ist abwechslungsreich und voll kleiner Überraschungen für alle Sinne. Besonders die herrlichen Fernblicke und die duftenden Wälder bieten die perfekte Erholung. Hier begegnen Sie nur wenig Menschen, die dann aber eher auf Touristen eingestellt sind und gerne nach dem Woher, Wohin und Warum Ihrer Etappe fragen.

📖 Literatur

📖   Auf Spurensuche… - Die Bonifatius-Route von Mainz nach Fulda, Verein Bonifatius-Route e.V., 2. Aufl. 2005, € 5, zu beziehen über den Verein,
🖳 www.bonifatius-route.de

♦   Bonifatius - Missionar und Reformer, Lutz E. von Padberg, München 2003, ISBN 978-3-40648-019-5, € 7,90, kompakter Überblick über Leben und Wirken des Bonifatius

♦   Bonifatius - mit Axt und Evangelium, Hubertus Lutterbach, 2. Aufl. 2005, ISBN 978-3-45128-509-7, € 19,90, eine ansprechend geschriebene Biografie auf Basis von Briefen von und an Bonifatius

♦   Mit Bonifatius unterwegs: Die Bonifatius-Route zwischen Mainz und Fulda, Ellen Hauser, Heike Lattka, 2006, ISBN 978-3-79730-980-8, € 19,90, Bildband zur Route

♦   Via Antiqua, Bonifatius' letzter Weg, Christian Vogel, 2004, ISBN 978-3-98098-050-0, € 12,00, solide Forschung zum genauen Streckenverlauf

♦   Vom heiligen Bonifatius den Kindern erzählt, Georg Schwikart, 2008, ISBN 978-3-76661-219-9, € 5, niedliches Bilderbuch für Kinder ab 6 Jahre

- 💻 Bonifatiuswerk der deutschen Katholiken, 💻 www.bonifatiuswerk.de
- ♦ Verein Bonifatius-Route e.V., 💻 www.bonifatius-route.de
- ♦ Christian Vogel, 💻 www.bonifatiusweg.eu

Markierung der Bonifatius-Route

Markierungen

Die Bonifatius-Route ist durchgehend gut markiert, das rot-weiße Zeichen mit dem stilisierten Bischofsstab des Vereins Bonifatius-Route e.V. ist auch von Weitem schon an Bäumen, Laternen und Straßenschildern auszumachen. Mancherorts fehlen Schilder, die wohl von Menschen entfernt wurden, die nicht wissen, dass man die Markierungsschilder auch in der Mainzer Dominformation kaufen kann, oder die nicht wollen, dass Pilger ihr Waldgebiet durchqueren. Letzteres ist kaum nachvollziehbar: Gut orientierte Pilger gehen leise und zügig auf dem korrekten Weg weiter - ohne Schilder irren sie umher, stapfen in alle denkbaren Wege hinein und rufen sich neue Ideen zu. Wie gut, dass die vielen Wegewarte immer wieder schnell vor Ort sind und die fehlenden Schilder ersetzen.

✚ Medizinische Versorgung

Entlang des Weges erhalten Sie medizinische Versorgung mit kurzen Hilfsfristen. Krankenhäuser in Routennähe befinden sich in Mainz, Wiesbaden,

Flörsheim, Hofheim, Praunheim, Büdingen, Gedern, Schotten und Fulda. Mit dem zentralen ✬ Notruf 112 erreichen Sie aus allen Mobilfunknetzen und dem Festnetz ohne Ortskennzahl den Rettungsdienst. Niedergelassene Ärzte, Zahnärzte, Tierärzte und Apotheken sind in den größeren Orten entlang des Weges zu finden.

Auf langen und einsamen Strecken kann es im Notfall bei einer plötzlichen Erkrankung oder Verletzung wichtig sein, Grundkenntnisse in Erster Hilfe zu haben, um sich und andere Pilger schnell und zuverlässig versorgen zu können. Wenn es Ihre Vorbereitungszeit erlaubt, besuchen Sie vor Beginn der Wanderung noch einen Kurs in Erster Hilfe. So können Sie die Wartezeit auf den Rettungsdienst überbrücken, indem Sie den Betroffenen angemessen lagern und seinen Gesundheitszustand stabilisieren. Gerade ältere Pilger sollten in der Lage sein, einen Herzinfarkt, einen Hirnschlag, eine Hitzeerschöpfung, einen Sonnenstich oder ähnliche Notfälle zu erkennen und zu versorgen. Dazu machen Sie sich bitte auch mit der Notruffunktion Ihres Mobiltelefons vertraut und führen Sie für eigene Medikamente nicht nur den deutschen Handelsnamen, sondern auch die internationale Wirkstoffbezeichnung mit.

✬ Notruf

Polizei, Feuerwehr und Rettungsdienst sind über den Euronotruf 112 erreichbar. In Waldgebieten verkürzt sich die Hilfsfrist deutlich, wenn Sie den Rettern eine - und sei es nur grobe - Koordinate nennen können. In stark von Wanderern frequentierten Regionen wurden dazu Anfahrtspunkte für den Rettungsdienst angelegt. Nennen Sie beim Notruf die entsprechende Kennung, z. B. MKK-909 bei Eichen, ich habe alle mir bekannten Rettungspunkte in den Text aufgenommen. Ist kein Telefon erreichbar, versuchen Sie durch Lichtsignale, Trillerpfeife oder lautes Rufen auf sich aufmerksam zu machen.

Planung und Vorbereitung

Eine gute Langstreckenwanderung steht und fällt mit der Qualität der Vorbereitung. Knapp 200 km mit Gepäck im Mittelgebirge können Ungeübte und reine Tageswanderer an ihre Belastungsgrenze bringen. Das

bedeutet, dass Sie sich möglichst frühzeitig Gedanken zu Kleidung und
Ausrüstung, zu Ihrer körperlichen Fitness und zur Art der Unterkunft
machen sollten.

📖   Trekking von Michael Hennemann, Conrad Stein Verlag, Basiswissen für draußen,
Band 7, ISBN 978-3-86686-354-5, € 7,90

Besonders ans Herz legen möchte ich Ihnen Ihre Füße. Eine Fernwan-
derung mit Gepäck ist nicht mit lockeren Halbtageswanderungen ver-
gleichbar. Wer weiß oder ahnt, dass er Senk- oder Knickfüße hat, sollte sich
Einlagen anpassen lassen, damit es unterwegs nicht zu Problemen mit den
Sehnen oder gar zu einem Ermüdungsbruch (Marschfraktur) kommt. Blasen entstehen meist in zu engen Schuhen mit falschen Socken. Wenn dann
noch Teerstrecken und Hitze die Füße aufquellen lassen, verbringen Sie
den Abend mit dem Kleben von Blasenpflastern.

Besser ist es, gut sitzende Schuhe (ein bis zwei Nummern größer als die
Büroschuhe) mit ergonomisch geformten, speziellen Wandersocken zu
kombinieren. Ich komme dabei sehr gut mit einer Kombination aus dünner
Wandersocke und ganz dünner Unterzieh-Socke klar. Diese gibt es inzwi-
schen sogar schon als Kombisocke fertig zu kaufen, z. B. von Wrightsock.
Reine Baumwollsocken sind nicht so gut, besser sind Mischungen aus
Merino-Schafwolle oder Baumwolle mit Kunstfasern.

Zur guten Vorbereitung auf eine Pilgerfahrt gehört nicht nur organisato-
rische und körperliche, sondern auch psychische Vorbereitung. Ansprechpartner für spirituelle Gespräche sind Ihr Ortspfarrer und die Mitglieder der
örtlichen Jakobusgesellschaften und des Vereins Bonifatius-Route e.V.
(☞ Information).

✆ Post und Telefon ☏ ☎ 📱

Echte Postämter sind in ganz Deutschland vom Aussterben bedroht.
Unterwegs finden Sie die Schalter der Postagenturen meist in Lottoannah-
mestellen, Schreibwarenläden und Kiosken. Daher sind mir allgemeingül-
tige Angaben zu Öffnungszeiten nicht möglich. Postdienste werden zum
Teil nicht während der gesamten Öffnungszeit des Haupt-Ladens angebo-
ten.

Entlang der Route haben Mobiltelefone nahezu überall Empfang. In allen Städten und vielen Dörfern auf der Strecke gibt es öffentliche Telefone, leider inzwischen meist ohne eine schützende Zelle, die Regen und ungewollte Mithörer abhalten könnte.

ᛘᛉᛃ Radfahren

Die Bonifatius-Route ist als Fußweg konzipiert und die Mehrheit der Pilger ist zu Fuß unterwegs. Die Beschreibungen sind daher meist für Wanderer formuliert.

Die Route stellt aber auch für Mountainbiker eine nette Wochenendtour dar, ich habe daher auch für sie möglichst viele Informationen zusammengetragen und dort nach Alternativstrecken gesucht, wo auf der eigentlichen Route kein Durchkommen möglich oder erlaubt ist. Spezielle Hinweise und Streckenalternativen für Radpilger sind mit ᛘᛉᛃ gekennzeichnet.

Sprache

Im Rhein-Main-Gebiet und im Vogelsberg wird mit Reisenden durchgängig Hochdeutsch gesprochen. Auch der hessische Dialekt ist gut verständlich. Einige Begriffe zum Sattwerden finden Sie bei ☞ Essen und Trinken. Und hier die anderen, über die Sie unterwegs eventuell stolpern werden:

Abbedeeg = Apotheke

äbsch = beleidigt, schlecht gelaunt, sauer, mürrisch, falsch

alls = ständig, immerzu

annersder = anders

Babbedeggel = Karton, Pappe, Führerschein

babbele = sprechen

Bembel = Apfelweinkrug

Bumbesje = kleiner Pups

Dräggschlabbe = schmutzige Schuhe

Dutt (*Guutsjer*) = Tüte (Bonbons)

ebbes = etwas

gauze = bellen, stark husten

gell = nicht wahr? nä?

gemorje = Guten Morgen

genacht = Gute Nacht

Gusch = Mund (abfällig)

horschemal! = hör mir mal bitte zu!

Kerb = Kirmes, Kirchweih

mer waases net = keine Ahnung, vielleicht

mobbelisch = pummelig

Moomenemal! = Halt!

nuffzuus = aufwärts

Pfeifedeggel! = von wegen! Denkste!

rickzuus = zurück

runnerzuus = abwärts

Trampen

Ein Formtief, eine Verletzung, falsche Etappenplanung oder heftige Unwetter können den Pilger dazu zwingen, die geplante Tagesetappe abzubrechen und die restliche Strecke zur Unterkunft alternativ zurückzulegen. Rechnen Sie aber bitte mit längeren Wartezeiten. Im Rhein-Main-Gebiet sind die Pendler oft mit ihren Gedanken ganz woanders und nehmen Tramper gar nicht wahr, im Vogelsberg haben die wenig befahrenen Straßen die Nebenwirkung, dass auch nur wenige Autofahrer für Sie anhalten können. Die Frage ist dann immer noch, ob einer dieser Fahrer auch wirklich anhält. Besonders regennasse Pilger warten oft stundenlang vergeblich, auch mit Hund brauchen Sie es gar nicht ernsthaft zu versuchen. Mitunter ist es besser, sich hilfesuchend an einen Anwohner zu wenden, der dann die Telefonnummer eines Taxiunternehmens heraussucht, eine andere gute Idee hat oder selbst das Auto aus der Garage holt.

🛏 Unterkunft

Für Übernachtungsmöglichkeiten ist an der Bonifatius-Route meist gut gesorgt. Von der einfachen Pilgerherberge im Pfarrhaus über Jugendherbergen, Pensionen und Familienhotels bis hin zu Luxushotels ist alles vertreten. Manch eine Unterkunft ist besonders lauschig und liebenswert, in anderen wird man sachlich und distanziert empfangen, wiederum andere

Häuser bzw. deren Gastgeber sind ziemlich skurril. Die Unterkünfte liegen für durchschnittlich trainierte Wanderer in angenehmer Entfernung voneinander. Nur in den einsameren Regionen im Ostteil der Route müssen Sie genauer planen. Sollten alle von mir aufgeführten Unterkünfte belegt sein, hilft vielleicht ein Anruf bei der 🛈 Touristeninformation. Ansonsten: Pfarrer und andere Einheimische gewähren Pilgern auch gerne ein Notquartier, wenn sie freundlich fragen und einen Schlafsack mitbringen.

🖐   Bitte beachten Sie, dass der westliche Routenteil zum Frankfurter Speckgürtel gehört. Insbesondere während großer Publikumsmessen haben Sie hier kaum eine Chance, ein freies Bett zu bekommen. Über die Messetermine können Sie sich unter 🖥 www.messefrankfurt.com/frankfurt/de/besucher/welcome/messeveranstaltungen.html informieren.

Während Veranstaltungen und an Feiertagen sollten Sie Ihre Unterkunft rechtzeitig im Voraus buchen. Ich habe daher regelmäßige Termine, soweit sie mir bekannt sind, jeweils in den Ortsinfos erwähnt. Ansonsten reicht es aus, am Vorabend oder morgens vor dem Start zu telefonieren. Natürlich können Sie auch auf gut Glück so weit gehen, wie Sie schaffen, und dann Quartier suchen.

🛏   In den größeren Orten finden Sie Hotels mit einfachem Standard für € 30 bis 40. In Luxushotels müssen € 50 bis 100 einkalkuliert werden. Preiswerter kommen Sie bei Privatvermietern und in Pensionen unter, hier reichen oft € 16 bis 22 pro Person und Nacht. Spätestens bei einem Blick auf die Zimmerpreise und der Feststellung, dass Einzelzimmer oft das Gleiche kosten wie Doppelzimmer, überlegt sich mancher Pilger, doch lieber nicht allein zu wandern, sondern sich einen Partner zu suchen.

🏠   Entlang der Route finden Sie einige wenige Billigunterkünfte. Für die Übernachtung in einer Jugendherberge brauchen Sie einen gültigen Herbergsausweis, den Sie in den größeren Jugendherbergen oder unter 🖥 www.jugendherberge.de erhalten. Hostels, Klöster und Pilgerherbergen sind mancherorts eine Alternative. Sie sind ebenfalls auf individuell reisende Wanderer mit kleinem Geldbeutel eingestellt und reichen von einfachen Schlafsälen mit Gemeinschaftsdusche bis hin zu Unterkünften mit Hotel-Niveau.

⚠ An der Bonifatius-Route entlang liegen die Campingplätze leider nicht immer im Tagesabstand. Wildes Campen ist in Rheinland-Pfalz und Hessen verboten, die zuständigen Ämter verhängen zum Teil empfindliche Bußgelder. Das Übernachten in Hängematten gilt in diesem Zusammenhang auch als Campen. Diese Bußgelder stehen aber meist mit anderen Störungen in Verbindung. Keiner hat Einwände, wenn Sie es an einem stürmischen Gewitterabend vollkommen erschöpft nicht mehr aus einem riesigen Waldgebiet herausschaffen, biwakieren und Ihren Lagerplatz so verlassen, wie Sie ihn vorgefunden haben. Ansonsten sei eher dazu geraten, bei Bauern, Förstern oder Privatleuten um ein kleines Eckchen Rasen zu bitten, um dort das Zelt aufzubauen. Also: Stets vorher fragen, fast immer bekommt man die Erlaubnis und noch dazu einen guten Tipp, wo das Zelt windgeschützt und schlammfrei steht.

Einige Vermieter bieten eine Gepäckbeförderung an. Die Anbieter sind mit ■ gekennzeichnet. Gerade für Camper ist es wichtig, tagsüber nicht das gesamte Zeltzubehör schleppen zu müssen. Sie machen morgens telefonisch den nächsten Schlafplatz fest (gleich wieder nach Gepäckservice fragen!) und lassen sich Ihr großes Gepäck vom heutigen Vermieter zum nächsten Quartier bringen. Mit einem kleinen Tagesrucksack kommen Sie dann viel entspannter durch Ihre Tagesetappe.

Häuser, die nicht unmittelbar am Weg liegen, bieten zum Teil einen Fahrdienst an. Wanderer können sich an einem vorher abgesprochenen Ort zu einer bestimmten Zeit abholen und am nächsten Tag wieder an diesem Punkt absetzen lassen. Vermieter, die diesen Service bieten, können Sie an einem 🚗 erkennen.

Im Wanderteil sind die Übernachtungsmöglichkeiten mit Entfernungsangaben ➲ zum Weg jeweils bei den Einzeletappen genannt. Auf einsamen Etappen sind alle mir bekannten Unterkünfte aufgezählt, in denen Wanderer für nur eine Nacht willkommen sind. So sind Sie frei in Ihrer Etappenplanung. In touristischen Regionen und größeren Orten habe ich mich mit Rücksicht auf den Umfang des Buches auf eine Auswahl beschränkt, bei der die Nähe zum Weg, die Geldbeutel der Pilger und die Einstellung der Inhaber zu Wanderern berücksichtigt werden.

Ob Sie die Unterkunft am nächsten Morgen mit gewaschener Bekleidung 🔳, mit dampfend heißem Tee in der Thermoskanne 🥤 und mit einem üppigen Lunchpaket ⊼ verlassen, ist ebenfalls jeweils bei der Unterkunft vermerkt. Die Vermieter erwarten üblicherweise, dass Sie Ihren Wunsch nach ▣ ⊼ 🚗 📷 bereits bei der Buchung, spätestens bei der Anreise anmelden. Nahezu alle Vermieter bieten die Möglichkeit, nasse Wanderbekleidung zu trocknen. Dieser Service ist daher nicht ausdrücklich vermerkt. In manchen Orten kommt zum Übernachtungspreis noch eine Kurtaxe von € 0,50 bis 1 hinzu.

Updates

 Es gibt immer wieder Änderungen auf dem Weg. Der Conrad Stein Verlag veröffentlicht Updates zu diesem Buch, die direkt von mir oder von Lesern dieses Buches stammen.

    Bitte suchen Sie vor Ihrer Abreise auf der Verlags-Homepage 💻 www.conrad-stein-verlag.de diesen Titel. Unter dem Link „mehr lesen" finden Sie alle wichtigen Informationen. Der abgebildete QR-Code führt Sie direkt zu der richtigen Seite.

🌧 Wettervorhersage

Alle regionalen Radiosender bringen stündlich Nachrichten mit Wettervorhersage. Die meisten Gastleute geben gern Auskunft zur voraussichtlichen Wetterlage oder leihen Ihnen die Tageszeitung für einen eigenen Blick in die Wetterprognose. Im Internet finden Sie unter 💻 www.wetteronline.de und 💻 www.wetter.com detaillierte Infos mit Prognosen bis zu 10 Tagen.

⧗ Zeit

Noch ein ernst gemeintes Wort zum Thema Zeit: Manch unerfahrener Pilger verkalkuliert sich mit den Wanderzeiten und rechnet mit 5 bis 6 km/h. Eine solch hohe Geschwindigkeit ist aber nur für voll durchtrainierte Sportler zu halten, die weder Fotos machen, noch die Aussicht genießen. Wer mit Gepäck bergauf und bergab unterwegs ist, sich auch an der Landschaft und netten Gesprächen mit Zufallsbegegnungen erfreuen will, sollte eher mit 3 bis 4 km/h rechnen.

Bonifatius-Route

St. Vitus in Kriftel

Höhenprofil der Bonifatius-Route Gesamtübersicht

| 1 | 2 | 3 | 4 |

❶ Mainz
❷ Hochheim
❸ Weilbach
❹ Eschborn
❺ Universität Frankfurt
❻ Nieder-Erlenbach
❼ Klein-Karben
❽ Eichen
❾ Kloster Engelthal
❿ Himbach
⓫ Glauburg-Glauberg
⓬ Steinknorre

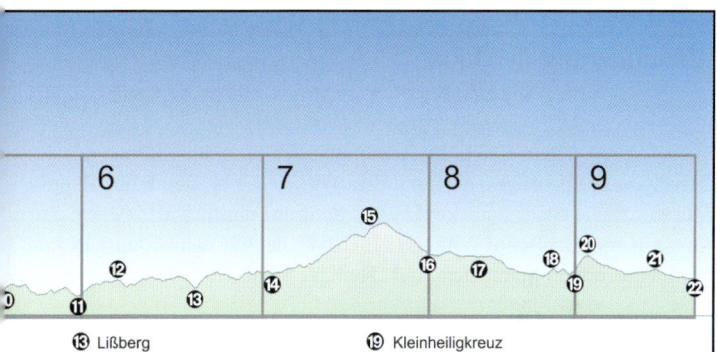

6
7
8
9
⑬ Lißberg
⑭ Glashütten
⑮ Rehberg
⑯ Ilbeshausen
⑰ Steinfurt
⑱ Weißestein
⑲ Kleinheiligkreuz
⑳ Finkenberg
㉑ Rodges
㉒ Fulda
© Stein Verlag

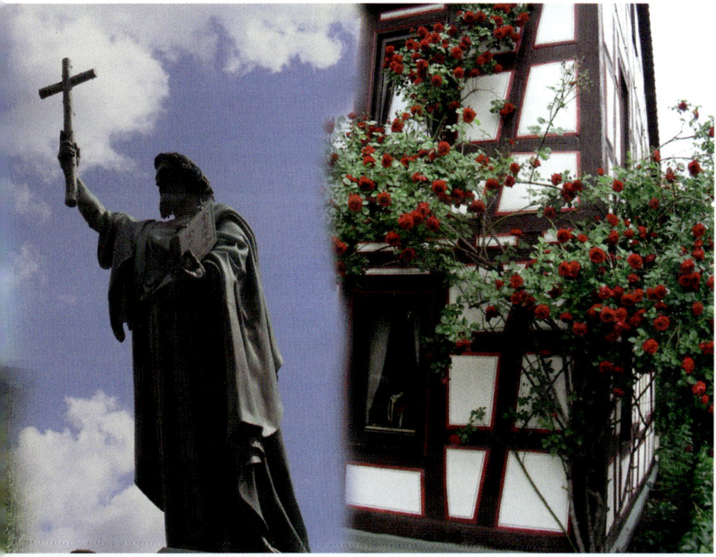

1. Etappe: Mainz bis Kastel

Rheinquerung in Mainz

⊃ 2 km, ↑ 3 m, ↓ 15 m, ⇧ 83-96 m, Karte/HP S. 60/61

Mainz ist mit gutem Grund der Startpunkt der Bonifatius-Route und des damaligen Leichenzuges, denn mit dem Wirken des hl. Bonifatius ab etwa 746 wurde die Stadt zum kirchlichen Zentrum nördlich der Alpen. Zur Amtszeit von Erzbischof Willigis (975-1011), der 975 den Grundstein zum Dom legte, erhielt Mainz den Titel „Heiliger Stuhl".

Mainz

551XX ☽ 06131

N49°59.937' E8°16.443' (Dom)

- ℹ **Touristik Centrale Mainz**, Brückenturm am Rathaus, ☎ 286 21-0,
  🖥 www.info-mainz.de/verkehrsverein, ✉ tourist@info-mainz.de, 🕐 Mo bis Fr 9:00 bis 18:00, Sa 10:00 bis 16:00, So 11:00 bis 15:00

- ◆ **Dominformation**, Markt 10, ☎ 25 34 12, ✉ dominformation@bistum-mainz.de und pilgerstelle@bistum-mainz.de, 🕐 Mai bis Sep Mo bis Fr 9:00 bis 18:00, Sa 9:00 bis 14:00, So 12:30 bis 16:00, Okt bis Apr Mo bis Fr 9:00 bis 17:00, Sa 9:00 bis 14:00, bietet auch Gästeführungen im Mainzer Dom und zur Route an. Pilgerausweise und ⊙ erhältlich

- 🛏 **Advena Europa Hotel Mainz**, Kaiserstraße 7, ☎ 97 10 70,
  🖥 www.advenahotels.com, ✉ verkauf.mainz@advenahotels.com, ⊃ 300 m, 152 Betten, ÜF EZ € 79, DZ € 99, kostenlose Nutzung der Fitnessgeräte im 500 m entfernten Fitnesscenter, 🍷 🛋 🪑 @ 🐴 € 10 🚲

- ◆ **Hyatt Regency Mainz**, Malakoff-Terrasse 1, ☎ 73 12 34, 73 12 35,
  🖥 www.mainz.regencyhyatt.de, ✉ mainz.regency@hyatt.com, ⊃ 500 m, 268 Zimmer, ÜF ab € 155, Fitness- und Badebereich, Sauna, Massagen @ 🪑 🍽 🐴 📷

- ◆ **City Hotel Neubrunnenhof**, Große Bleiche 26, ☎ 23 22 37,
  🖥 www.cityhotelneubrunnenhof.de, ✉ info@cityhotelneubrunnenhof.de, ⊃ 600 m, 68 Betten, ÜF EZ € 59-82, DZ € 78-112, Zustellbett € 25, @ 🪑 🍷 🚲 🐴

- ◆ **GuestHouse Mainz**, Kaiserstraße 20, ☎ 27 02 7-0, 🖥 www.hotel-austria.de und www.guesthouse-mz.de, ✉ info@guesthouse-mz.de, ⊃ 800 m, ÜF EZ € 85-99, DZ € 99-119, DBZ € 119-139. Innenstadthotel in Bahnhofsnähe, @ 🚲

- **Hotel Hammer**, Bahnhofplatz 6, ☎ 96 52 80, 🖥 www.hotel-hammer.com, ✉ info@hotel-hammer.com, ➲ 1 km, 70 Betten, ÜF EZ ab € 75, DZ ab € 89, Dreibettzimmer ab € 114, Komfortzimmer plus € 10-30 Aufschlag. Innenstadthotel gegenüber dem Hbf. Sauna @ 🕮 🏠 🖾

- **Margarethe Persdorf**, Drususwall 46, ☎ 514 36, 📱 01 77/479 54 49, 8 Betten, ➲ 1,5 km, ÜF EZ ab € 40, DZ ab € 64. Ruhige Lage am Park, Bibliothek, Sauna, Garten @ 🏠 🚲 🖾

- **Hotel Stiftswingert**, Am Stiftswingert 4, ☎ 98 26 4-0, 🖥 hotel-stiftswingert.de, ✉ info@hotel-stiftswingert.de, ➲ 1,5 km, 42 Betten, ÜF EZ € 50-85, DZ € 70-95, Zustellbett € 15, @ ✗ 🐗 🚲

- **Rhein-Main Jugendherberge** - Jugendgästehaus Mainz, Otto-Brunfels-Schneise 4, ☎ 853 32, 🖥 www.diejugendherbergen.de/mainz, ✉ mainz@diejugendherbergen.de, ➲ 2,1 km, 166 Betten, grundsätzlich werden nur DJH-Mitglieder aufgenommen, ÜF im EZ € 34,50, im DZ € 28, im MBZ € 22,50, HP € 42,50/36/30,50. 2016/2017 je 50 Cent mehr, @ 🕮 🏠 🚲

⚠ in **Mainz-Kostheim**, Etappe 3

⌘ **Kurfürstliches Schloss**: die ehemalige Stadtresidenz der Mainzer Erzbischöfe aus dem Frühbarock, der Bau zog sich von 1627 bis 1752. Es ist auffällig rot angestrichen, wird daher im Volksmund häufig Rotes Schloss genannt. Es beherbergt das Römisch-Germanische Zentralmuseum und einige Veranstaltungssäle, der bekannteste darunter ist der Akademiesaal, aus dem seit 1973 die traditionelle Karnevalssitzung „Mainz bleibt Mainz, wie es singt und lacht!" jährlich abwechselnd live in ARD und ZDF übertragen wird.

- **Gutenberg-Museum**, Liebfrauenplatz 5, ☎ 12 26 40, 🖥 www.gutenberg-museum.de, ➲ Di bis Sa 9:00 bis 17:00, So 11:00 bis 17:00, 🚃 🖾. Dass Sie diesen Reiseführer in dieser Form in den Händen halten können, verdanken wir dem Mainzer Johannes Gutenberg, der im Jahr 1451 den Buchdruck erfand. Wie er seine Lettern goss und die Druckerpresse erfand, lässt sich in der rekonstruierten Werkstatt gut nachvollziehen. Die Ausstellung umfasst außerdem zwei Exemplare der weltberühmten Gutenberg-Bibel, zahlreiche Bücher, Plakate, Exlibris, Einzelblattdrucke, Erläuterungen zum Buchdruck allgemein und zu seiner Geschichte in islamischen Ländern und in China. Neben dem eigentlichen Gutenberg-Museum finden Sie in Mainz auch einen gut sortierten Gutenberg-Shop, das Minipressen-Archiv, die Gutenberg-Gesellschaft und die Gutenberg-Bibliothek. Außerdem den Druckladen, eine Werkstatt, in der Sie den Setzern und Druckern bei der Arbeit zusehen können.

⌘   **Landesmuseum Mainz**, Große Bleiche 49-51, ☏ 285 70,
    🖥 www.landesmuseum-mainz.de, 🕘 Mi bis So 10:00 bis 17:00, Di 10:00 bis 20:00.
    Modernes Landesmuseum zur Kunst- und Kulturgeschichte der Region.

◆   **Römisch-Germanisches Zentralmuseum**, Kurfürstliches Schloss, ☏ 91 24-0,
    🖥 www.rgzm.de, 🕘 Di bis So 10:00 bis 18:00. Die drei Abteilungen Vorgeschichte,
    Römerzeit und Frühgeschichte zeigen Originale und Nachbildungen bis zum 9. Jh,
    z. B. einen römischen Himmelsglobus mit 48 Sternbildern.

◆   **Bischöfliches Dom- und Diözesanmuseum**, Domstraße 3, ☏ 25 33 44,
    🖥 www.dommuseum-mainz.de, 🕘 Di bis Fr 10:00 bis 17:00, Sa, So 10:00 bis 18:00.
    In den Räumen am spätgotischen Kreuzgang des Doms sind Exponate aus der
    gesamten Geschichte des Mainzer Erzbistums zu sehen. Neben Reliquien, liturgi-
    schen Geräten und sakralen Gewändern sind auch Bildteppiche und faszinierende
    Buchmalereien zu bewundern.

☺   **Mainz-Card**, 48 Stunden gültig, € 9,95 (Gruppe bis 5 Personen € 25), ermöglicht frei-
    en Eintritt in den Mainzer Museen und in der Spielbank, freie Fahrt mit Bus & Bahn,
    kostenlose Teilnahme am Stadtrundgang. Außerdem zahlreiche Ermäßigungen beim
    Parken, im Schwimmbad, beim Einkaufen und bei Schifffahrten.

Mainzer Dom St. Martin

✝ **Dom St. Martin**, Markt 10, 🖳 www.mainz-dom.de, 🕐 März bis Okt Mo bis Fr 9:00 bis 18:30, Sa 9:00 bis 16:00, So 12:45 bis 15:00, 16:00 bis 18:30, Nov bis Feb Mo bis Fr 9:00 bis 17:00, Sa 9:00 bis 16:00, So 12:45 bis 15:00, 16:00 bis 17:00. Messen und Gebete Mo bis Sa 6:25, 7:00, 7:30, 8:15, 15:00, 16:45, So 7:00, 8:00, 10:00, 11:30, ➲ am Weg. Der Mainzer Dom hat den Petersdom in Rom zum Vorbild, die Grundsteinlegung erfolgte 975 durch Erzbischof Willigis. Am Tag der Weihe im August 1009 brannte der Bau nieder und wurde bis 1036 wieder aufgebaut. Der Dom ist dreischiffig und hat zwei Chöre und etliche angebaute Kapellen. In der Kettelerkapelle ist der Marienaltar mit der „schönen Mainzerin" sehenswert.

♦ **St. Johannis**, 🕐 Sa 11:00 bis 15:00, So 11:00 bis 12:00, ➲ am Weg. Hier stand schon etwa 900 eine Kirche, die vermutlich eine Weile als Dom genutzt wurde, daher der Beiname „Alter Dom". Das aktuelle Gebäude stammt aus dem Jahr 1036 und ist Johannes dem Täufer geweiht. Es wurde zunächst als Stiftskirche genutzt, seit 1828 ist sie evangelisch.

♦ **St. Stephan**, Weißgasse 12, 🕐 März bis Okt Mo bis Sa 10:00 bis 17:00, So 12:00 bis 17:00, Nov bis Feb Mo bis Sa 10:00 bis 16:30, So 12:00 bis 16:30, ➲ 1,2 km. Erstmals im Jahr 990 errichtet, der aktuelle gotische Bau stammt von 1290-1335. Die Hallenkirche mit den drei Schiffen ist beliebtes Ziel für Kunstliebhaber, denn sie ist die einzige deutsche Kirche, für die der jüdische Künstler Marc Chagall Fenster schuf. Herrlich blau leuchten seine Darstellung der Vertreibung aus dem Paradies und die anderen acht kunstvoll gestalteten Fenster.

🚶 **Pilgerpässe** gibt es in der Dom-Information für € 3 pro Stück.

⊙ 🛈 Infoladen des Bistums Mainz, Heiliggrabstraße 8, 🛈 Dom-Information, Domplatz 10, ✱ Gutenberg-Museum, Liebfrauenplatz 5, ✝ St. Johannis, Dijonstraße 1

🎼 **Frankfurter Hof**, Augustinerstr. 55, ☏ 22 04 38, 🖳 www.frankfurter-hof-mainz.de. Musiktheater mit allen Musikrichtungen von Klassik bis Chanson und Jazz.

🎭 **Staatstheater Mainz**, Gutenbergplatz 7, ☏ 285 10, 🖳 www.staatstheater-mainz.de. Im Kleinen Haus werden Schauspielstücke inszeniert, das Große Haus ist wegen seiner guten Akustik Konzerten, Opern und dem Ballett vorbehalten.

♦ **Mainzer Kammerspiele**, Rheinstraße 4, ☏ 22 50 02, 🖳 mainzer-kammerspiele.de. Junge Stücke und Experimentelles.

❄ **Eislaufcenter** Mainz, Dr.-Martin-Luther-King Weg 19, ☏ 32 00 50, 🖳 www.eishallebruchweg.de, 🕐 Sep bis Apr Mo 9:00 bis 15:45, Di 9:00 bis 16:00, Mi 9:00 bis 17:00, Do 9:00 bis 16:45, Fr 9:00 bis 18:30, 19:00 bis 22:00 Disko, Sa 10:30 bis 18:30, 19:00 bis 24:00 Disko, So 11:30 bis 18:30.

≈   **Taubertsbergbad**, Wallstraße 9 (ganz in der Nähe vom Hbf), ☎ 58 44 60,
    ⌨ www.taubertsbergbad.de, 🕐 9:30 bis 23:00, Mi bis 24:00, Fr bis 2:00, Hallen- und
    Freibad mit Erlebnisbad, Saunalandschaft und Massage. ✗

❀   **Botanischer Garten** in der Universität, 🕐 Freigelände tägl. 7:30 bis 18:00, Gewächs-
    häuser Mo bis Do 7:30 bis 15:30, Fr 7:30 bis 13:00. Schwerpunkte der Sammlungen
    sind die Steppengebiete Europas, Blütenpflanzen und Gehölze der gemäßigten
    Zone, Kalthauspflanzen und tropische/subtropische Pflanzen.

🎪   **Wochenmarkt** auf dem Marktplatz Di, Fr, Sa. Altstadtmarkt am Hopfengarten/ Gra-
    ben: Do, Neustadtmarkt auf dem Frauenlobplatz: Do, Krempelmarkt am Rheinufer
    (Rotes Tor bis Raimundtor): 3. Sa im Monat, Apr bis Okt außerdem 1. Sa im Monat,
    Weihnachtsmarkt auf den Domplätzen an allen Tagen im Advent.

🚂   **InterCity-Bahnhof** mit täglich 104 Fernverkehrsverbindungen. Direktverbindungen
    mit ICE/IC/EC von Hamburg über Bremen, Münster, Dortmund, Köln, Bonn, Koblenz,
    von Emden über Leer, Münster, Gelsenkirchen, Duisburg, Düsseldorf, Köln, Bonn,
    Koblenz, von Stuttgart über Mannheim und Worms, von Chur über Zürich, Basel,
    Freiburg, Karlsruhe, Mannheim, von Dresden über Leipzig, Weimar, Erfurt, Fulda,
    Frankfurt. 🛈 (Mo bis Sa 6:00 bis 20:00) 🚂 ✗ ☕ 🛒 🚲.

🚢   Köln-Düsseldorfer vgl. Anreisekapitel

🚌   Busbahnhof neben dem Hauptbahnhof

🚲   Fahrradverleih ASM im CityPort, Binger Straße 19, ☎ 238 20

🚕   Allgemeine Funkzentrale e.G., ☎ 91 09 10, ⌨ www.taxi-mainz.de

♦   Taxibetriebe Seifert, ☎ 96 97 98

Um vom Bahnhof oder Hotel zum Startpunkt zu gelangen, folgen Sie
stets der Beschilderung zum Dom. Die Bonifatius-Route beginnt offiziell
am Leichhof in Mainz. Das ist der Platz zwischen dem Dom und St. Johannis, hier befand sich bis 1803 der Domfriedhof. Linker Hand sehen Sie die
beige gestrichene Johanniskirche, Sie gehen geradeaus durch die Schöffer-
straße und nehmen die erste Möglichkeit rechts durchs Höfchen. Sie stehen
nun auf dem ehemaligen Hof der erzbischöflichen Residenz vor einem
Brunnen, der Eingang zum Dom und der Domladen liegen rechts von
Ihnen.

Sie folgen nun den Markierungen um den Dom herum über den Marktplatz mit seinen hübschen Markthäusern aus der Renaissance. Linker Hand
ist der Eingang zum ⌘ Gutenberg-Museum, Sie gehen geradeaus durch die
Fischtorstraße bis zur Rheinpromenade.

Mainz

0 m   300 m

1 St. Johannis
2 St. Stephan
3 Staatstheater
4 Dom St. Martin
5 Bischöfliches Dom- und Diözesanmuseum
6 Gutenberg-Museum
7 Rathaus
8 Rheingoldhalle
9 Theodor-Heuss-Brücke
10 Landesmuseum Mainz
11 Kurfürstliches Schloss
12 Römisch-Germanisches Zentralmuseum
13 Museum Castellum / Reduit
14 Flößermuseum

© Stein Verlag

Marktplatz von Mainz

Die hellen Steine im Pflaster zeigen die einstige Lage des Fischtores, es war Einlass zum ehemaligen Fischmarkt und wurde 1847 abgerissen. Folgen Sie der Rheinpromenade nach links, Sie flanieren nun am Rathaus und an der Rheingoldhalle vorbei bis zur Theodor-Heuss-Brücke. (🚲 Radpilger folgen gut 100 m vor der Brücke links den Radler-Wegweisern Richtung Kastel.) Auf dieser überqueren Sie den Rhein und genießen einen schönen Blick auf Mainz und in den Rheingau.

Die Römerbrücke

11 v. Chr. entstand wohl die erste Holzbrücke der Römer über den Rhein. Nach alten Quellen wurde die erste feste Rheinbrücke 71-92 n. Chr. von der 14. Legion gebaut, nach neueren Grabungen neigt man eher dazu, sie auf 27-30 n. Chr. zu datieren.

Fest steht aber, dass es sich um eine 30 m lange und 12 m breite Bogenkonstruktion auf mindestens 21 fünfeckigen Steinpfeilern handelte. Die aktuelle Brücke verläuft etwas südlich der Römerbrücke, sie stammt aus dem Jahr 1950 und erhielt ihren Namen 1968.

Die Theodor-Heuss-Brücke führt Sie in den Mainzer Stadtteil Kastel, der allerdings politisch zur Stadt Wiesbaden gehört und schon in Hessen liegt.

Mainz-Kastel  55252 ① 06134

N50°00.460' E8°16.784' (Brücke)

- **Hotel Zum Schnackel**, Boelkestraße 5, ☎ 56 47 60, 💻 www.hotel-schnackel.de, ✉ info@hotel-schnackel.de, ➲ 500 m, 28 Betten, EZ ab € 80, DZ ab € 85, DBZ ab € 116,

- **Hotel Alina**, Wiesbadener Straße 124, ☎ 29 50, 💻 www.hotelalina.de, ✉ info@hotelalina.de, ➲ 2 km, 66 Betten, ÜF EZ ab € 60, DZ ab € 80, @

Linien 28, 68

2. Etappe: Kastel bis Kostheim

Durch die Maaraue zur Mainmündung

➲ 3,1 km, ↑ 13 m, ↓ 9 m, ⇧ 84-89 m, Karte/HP S. 60/61

Am östlichen Ende der Brücke biegen Sie rechts in die Straße Rheinufer, steigen dort rechts eine Treppe hinab ( Radler fahren geradeaus auf dem Rheinufer weiter und erreichen das Castellum auf der Rückseite) und folgen unten der Promenade zur Reduit, einer ehemaligen Kaserne aus dem Jahr 1832. Sie beherbergt heute ein Museum und ist bei Tagesausflüglern sehr beliebt, nicht zuletzt wegen des benachbarten romantischen Biergartens ⌘ am Rheinufer.

- ⌘ **Museum Castellum**, Reduit am Rheinufer, ☎ 061 34/6 29 93, 💻 www.museum-castellum.de, 🚪 So 10:30 bis 12:30, 2.000 Jahre Geschichte mit Schwerpunkt auf der Frühgeschichte und Römerzeit. Aber auch die Zeit als Festung mit ihren Militaria und die Mainzer Fastnacht finden Berücksichtigung bei der Auswahl der Exponate.

- **Flößermuseum**, Bastion von Schönborn, Am Rheinufer 12, ☎ 629 93, 🚪 11:00 bis 23:00, Werkzeuge, Bilder und Erklärungen zum Beruf des Flößers, der in Kastel über 400 Jahre ausgeübt wurde

- ⊙ ⌘ **Museum Castellum**

S1, S9, S10

 Linien 28, 54, 55, 68, 91

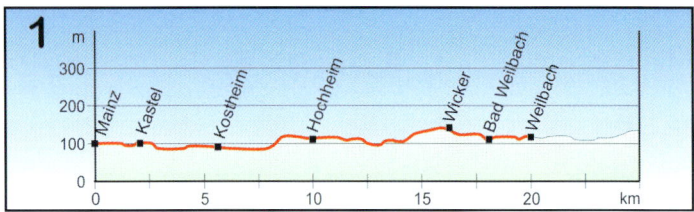

Kurz dahinter überqueren Sie die Fahrrinne zum Floßhafen auf einer blauen Brücke, Sie gehen nun, mit einem erstklassigen Blick auf das Mainzer Rheinpanorama, unmittelbar am Rheinufer entlang durch das Naherholungsgebiet Maaraue, passieren einen △ Campingplatz, den Flusskilometer 0,0 an der Mündung des Mains in den Rhein und das 🏊 Freibad Maaraue.

Picknick in den Maarauen

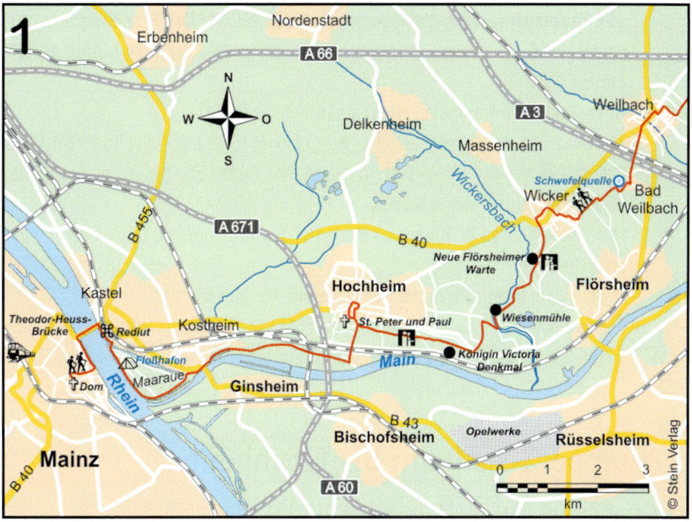

Die Promenade geht in eine Allee über. Folgen Sie einer Straße gerade-aus über einen Flutgraben, dahinter gelangen Sie rechts wieder ans Ufer. Hier lädt der Kostheimer Weinprobierstand an schönen Tagen zu einer kleinen Pause ein. Auf Höhe der Kirche kreuzt die Bonifatius-Route den 50. Breitengrad.

Mainz-Kostheim

55246 ( ) 06134
N50°00.009' E8°18.551' (Brücke)

Hotel zum Engel, Mainufer 22, ☎ 181 80, 🖳 www.hotelzumengel.de, hotel@hotelzumengel.de, ⮑ am Weg, 30 Betten, ÜF EZ ab € 45, DZ ab € 78, MBZ € 99, Hotel direkt am Main, @ (€ 1 je km)

♦ **Zum Rosengarten**, Hochheimer Straße 153, ☎ 367, 🖳 www.rosengartenhotel.de, info@rosengartenhotel.de, ⮑ 1 km, 22 Betten, Ü EZ € 30-35, DZ € 55-60, im MBZ € 23, Frühstücksbuffet € 4,50,

⚠ **Campingplatz Maaraue** (anderer Name: Internationaler Campingplatz Mainz-Wiesbaden), Maaraue 48, ☎ 257 59 22, 🖳 www.campingplatz-maaraue.de,

✈ camping@camping-maaraue.de, 🗓 1. Apr bis 31. Okt, 100 Stellplätze, p.P.
€ 4,50, Zelt € 3 (1-2 Pers.), € 4,50 (3-4 Pers.), € 6 (großes Zelt), 🐎 auf Anfrage € 3,
Strom € 2,50

⌘ **Heimatmuseum Kostheim**, Hauptstraße 137, ☎ 616 17,
💻 www.museum-kostheim.de, 🗓 1. So im Monat 10:00 bis 12:00, 15:00 bis 17:00.
Fundstücke aus der Kelten- und Römerzeit, alte Waffen und Skulpturen des blinden
Mainzer Bildhauers Jakob Schmitt.

✟ katholische Kirchen **St. Kilian** und **Maria Hilf**, zwei evangelische Gemeinden, metho-
distische Kirche

⊙ ✟ **St. Kilian**, Kirchplatz 2, und **Heimatverein**, Hauptstraße 137

〰 **Freibad Maaraue**, ☎ 28 56 64, ➲ 200 m, 🗓 Vor-/Nachsaison Mo bis Fr 10:00 bis
20:00, Sa, So, Fei 9:00 bis 20:00, Hauptsaison täglich 9:00 bis 21:00

🚌 Linie 68

3. Etappe: Kostheim bis Hochheim

Hier wächst süffiger Rheingau-Wein

➲ *5,1 km,* ↑ *56 m,* ↓ *21 m,* ⇧ *85-131 m, Karte/HP S. 60/61*

Unter der Brücke hindurch gehen Sie weiter am Ufer entlang. Dabei wird
der alte Cellulosehafen mit einem neuen Aussichtsturm passiert. Der Weg
entfernt sich etwas vom Rhein und verläuft auf einem Hochwasserschutz-
deich. Am Fußgängertunnel unter der Eisenbahnbrücke achten Sie bitte auf
schnell fahrende Radfahrer.

Sie erreichen nun ein Denkmal für den hl. Bonifatius, ungefähr hier
legte das Schiff mit dem Leichnam des Bonifatius von Mainz kommend im
Jahr 754 an, bevor der Trauerzug über Land nach Fulda zog.

Hier biegen Sie links in den Mainweg ein und gehen geradeaus durch
die Bahnunterführung (🚲 Radfahrer: bitte absteigen!). Dahinter folgen
Sie rechts der Sandstraße und kurz darauf links der Bahnhofstraße. Durch
die Weinberge gehen Sie auf die Kirche St. Peter und Paul zu. Hier am
Gefallenen-Denkmal führt die Bonifatius-Route zum einen auf direktem
Weg rechts weiter, zum anderen in einem 1,9 km langen Rundgang durch
den schönen Weinort Hochheim mit seinen vielen Fachwerkbauten.

Hier wurde Bonifatius' Leichnam vom Main an Land gebracht

⇔   Für diesen Schlenker durch den Ort gehen Sie zunächst geradeaus auf den Ort zu, dann rechts in die Kirchstraße. An der überlebensgroßen Madonna im Ortszentrum folgen Sie der Weiherstraße geradeaus und biegen dann rechts in die Burgeffstraße (ev. Kirche) ab. Ein weiteres Mal biegen Sie rechts ab, um in der Delkenheimer Straße bis zur Frankfurter Straße, dort rechts und die erste Straße links (Hintergasse) zu gehen, dieser folgen Sie nach links und gehen ein zweites Mal links aus dem Tor und noch einmal links zurück zum Gefallenen-Denkmal.

Hochheim   🦌 🏛 ♈ ✕ 🍺 🍷 🚐 🚌 ✉ 65239 ☎ 06146

N50°00.655' E8°21.053' (Madonna)

🛈 **Stadtverwaltung**, Burgeffstraße 30, ☎ 90 00, 💻 www.hochheim.de,
    📧 info@hochheim.de, 🗓 Mo bis Mi, Fr 8:30 bis 12:00, Do 14:00 bis 18:00

🛏 **Hotel Frankfurter Hof**, Frankfurter Straße 20, ☎ 82 59-0,
    💻 www.hotel-frankfurter-hof.de, 📧 office@hotel-frankfurter-hof.de, ➲ am Weg,
    86 Betten, Ü EZ ab € 65, DZ ab € 85, F € 5, @ ✕

◆ **Hotel Zur Rebe**, Frankfurter Straße 11a, ☎ 82 1-0, 💻 www.hotelrebe.de,
    📧 info@hotelrebe.de, ➲ 50 m, 86 Betten, Ü EZ ab € 65, DZ ab € 85, F € 5, @ ✕
    🍺 🍵 ⛩

Hochheim - Hübsches Fachwerkhaus am Wegesrand

🛏 **Main-Taunus-Hotel**, Herderstr. 9-19, ☎ 84 68 46, 🖳 www.hotel-main-taunus.de, ✉ maintaunushotel@email.de, ➲ 100 m, 34 Betten, Ü EZ ab € 42, DZ ab € 68, F € 6, ✗

◆ **Hotel Rheingauer Tor**, Taunusstraße 9, ☎ 826 20, 🖳 www.hotel-rheingauertor.de, ✉ hotel-rheingauertor@t-online.de, ➲ 800 m, 33 Betten, ÜF EZ € 62, DZ € 77, DBZ ab € 92, 🐎 🚲 🖳 🌲 🚗 🎒

◆ **Hotel Zielonka**, Hajo-Rüter-Straße 15, ☎ 906 70, 🖳 www.zielonka-privathotel.de, ✉ info@zielonka-privathotel.de, ➲ 1,2 km, 40 Betten, ÜF EZ ab € 79, DZ ab € 99, Terrasse, Garten, Sportstudio mit Sauna nebenan @ 🌲

⌘ **Otto-Schwabe-Museum**, Mainzer Straße 22-24, ☎ 90 01 41, 🗓 So 14:00 bis 17:00, mit Stand November 2014 geschlossen, daher vor dem Besuch tel. anfragen, gezeigt werden keltische Funde und die Geschichte des Weinbaus

✝ **St. Peter und Paul**, katholische Pfarrkirche von 1732 mit barocken Deckenfresken

◆ neuromanische evangelische Kirche

⊙ ✝ **St. Peter und Paul**, Hintergasse 62, ✗ **Hochheimer Hof**, Mainzer Str. 22-26

Hallenbad im OT Massenheim, Breslauer Ring 19 B, 🕐 Mo 14:00 bis 17:00, Di 6:30
bis 8:00, 11:00 bis 21:00, Mi 9:00 bis 21:00, Do 11:00 bis 21:00, So 8:00 bis 14:00

 S1, S10

 Linie 68

Blick hinauf zu St. Peter und Paul

Der Bronzespiegel von Hochheim

1932 wurde bei Rodungsarbeiten in einem Weinberg bei Hochheim eine
12,5 cm große Spiegelplatte gefunden, die von einer menschlichen Figur
mit zwei Gesichtern gehalten wird. Das gesamte Fundstück wurde aus
Bronze gearbeitet und wird nach aktuellem Erkenntnisstand auf das späte
fünfte oder frühe vierte vorchristliche Jahrhundert datiert, fällt also in die
Keltenzeit. Wegen seines großen Wertes wird davon ausgegangen, dass der
filigran gearbeitete Spiegel eine Grabbeigabe für eine hochgestellte Per-
sönlichkeit war. Wenn Sie in Gesprächen mit Einheimischen herausfinden,
warum der Spiegel mitunter auch Elfenspiegel genannt wird, würde ich
mich über eine Erklärung sehr freuen.

4. Etappe: Hochheim bis Wicker

Fernblick und Bachauen

➲ *6,3 km,* ↑ *70 m,* ↓ *56 m,* ⇧ *98-145 m, Karte/HP S. 60-61*

Wenn Sie die Runde durch Hochheim hinter sich gebracht haben, biegen Sie am Gefallenen-Denkmal links ab, die Direkteinsteiger gehen rechts. Alle gehen an der Kapelle und an der Schutzhütte jeweils geradeaus durch die Weinberge auf der Weinbergstraße weiter. Auch hier haben Sie 📷 einen schönen Fernblick zurück nach Mainz und auf die andere Mainseite nach Rüsselsheim. Der Anblick der Opelwerke dort trübt die Idylle kaum, je nach Flugtag sind die startenden und landenden Flugzeuge des Frankfurter Flughafens wesentlich nervtötender. Rechter Hand entdecken Sie in den Weinbergen vielleicht das Denkmal für Königin Victoria, mit dem 1854 an einen Besuch der Königin im Rheingau erinnert wurde.

Hinter einem 🌲 Picknickplatz mit dem Bronzespiegel von Hochheim (☞ Seite 65) gehen Sie links Richtung Flörsheim. Queren Sie die Ortsverbindungsstraße von Hochheim nach Flörsheim und einen Weg, dahinter ist die Teerstrecke zu Ende. Hinter einer Koppel, d.h. noch vor der Stromleitung, folgen Sie rechts einem Feldweg bis zu einer T-Kreuzung.

Dort gehen Sie links und überqueren den Wickersbach und den Mühlengraben. Halblinks folgen Sie der Fahrstraße zur Wiesenmühle, sie war nach ihrem Bau 1699 eine von 20 Mühlen am Wickersbach und ist nun ein beliebtes Ausflugslokal.

✕   **Gasthof Wiesenmühle,** 🍴 11:00 bis 23:00, Mo/Di Ruhetage ☉

Gehen Sie nun rechts steil bergauf zur ✝ Kapelle St. Anna (📷 Seite 37) aus dem Jahr 1715 und hinter der Kapelle links. Wer im Herbst unterwegs ist, wird sich vielleicht nach dem Namen der ungewöhnlichen Früchte der Bäume an dieser Kreuzung fragen. Es handelt sich um Mispeln, das sind Rosengewächse, die erst nach dem Frost einen aromatischen Geschmack entwickeln. Diese Gegend wird wegen ihrer Hügel „Flörsheimer Schweiz" genannt, aber keine Sorge, die Steigungen und Gefällestücke sind locker zu bewältigen.

Mispelbaum an der Kapelle St. Anna

Regionalpark Rhein-Main

Zwischen der dicht bebauten Großstadt Frankfurt und dem Hochtaunus liegt ein Grüngürtel, der zum Regionalpark ausgebaut wurde: ein Naherholungsgebiet mit Freiflächen, Wäldern und Streuobstwiesen, Wander- und Radwegen, Aussichtspunkten und Denkmälern. Besonders auffällig sind die vielen Kunstobjekte, denen Sie auch auf Ihrer Wanderung am Wegesrand begegnen werden.

Sie folgen dem Weg durch einen Linksbogen (Markierung fehlt) und bleiben auch im Tal auf diesem Weg. Er macht nun einen Rechtsbogen auf den Kirchturm von Wicker zu und führt durch das Naturschutzgebiet Wickersbachaue. An den Sitzbänken wandern Sie geradeaus parallel zur Stromleitung bis zur Kriegergedächtniskapelle von 1928.

Unmittelbar darauf erreichen Sie halb rechts die Neue Flörsheimer Warte. Sie ist seit 1996 Ersatz für die Alte Flörsheimer Warte aus dem 15. Jh. In den Sommermonaten finden Sie hier einen bei Ausflüglern sehr

beliebten Biergarten ⚘. Dort gehen Sie geradeaus durch den Weinberg, dahinter links und hinter den Weinstöcken rechts Richtung Tor zum Rheingau. In einem weiten Linksbogen kommen Sie auf der Höhe nach Wicker.

Sie queren die Kirschgartenstraße und gehen geradeaus in die Taunusstraße, dann rechts in die Vorderstraße und links in die Pfarrhausstraße. An einer großen Presse gehen Sie rechts und passieren die Kirche.

Flörsheim-Wicker   🎒 BANK ⚘ ✕ 🚌 🖼 65439 🌙 06145

N50°01.725' E8°24.408' (zentrale Kreuzung)

🛏 Die drei Pensionen im Ort nehmen nur Monteure auf. Ich gebe Ihnen für den Notfall dennoch die Telefonnummern, vielleicht lässt sich ja jemand erweichen: **Pension Tor zum Rheingau** ☎ 46 89, **Pension Rudersdorf** ☎ 48 08, **Pension Fischer** ☎ 28 08

✝ **St. Katharina** mit hübschem Chorturm, erbaut im 13. und 15. Jh.

⊙ 🎒 **Birkenapotheke,** Flörsheimer Straße 4, und ✝ kath. **Pfarramt St. Katharina,** Pfarrhausstraße 15

☺ Kletterwand am Biomassekraftwerk, 📱 01 70/631 70 90, 💻 www.deponiepark.de, 🗐 Mo bis Fr 14:00 bis Sonnenuntergang, Sa, So, Fei 10:00 bis Sonnenuntergang. 19 m hoch, 27 m breit, max. Überhang 6 m, nur mit Kletterausweis.

🚌 Linien 809, 818, 819

Bevor es Massenmedien gab

Haben Sie sich in Wicker auch gefragt, wer der Mann mit der Glocke und dem weit aufgerissenen Mund ist? Es ist der Ausscheller, der an die alte Tradition der Nachrichtenausrufer erinnert. Die haupt- oder nebenberuflichen Gemeindediener hatten die Aufgabe, amtliche Bekanntmachungen mündlich im ganzen Dorf zu verbreiten. Weil sie mit einer Glocke oder Schelle auf sich aufmerksam machten, wurden sie vielerorts Ausscheller genannt.

Der Ausscheller von Wicker

Flörsheim   ➲ 2 km 🏃 ⊞ BANK ⚒ ☎ ✕ 🚌 🚐 ▣ 65439 ☽ 06145

🆘 **Magistrat der Stadt Flörsheim am Main**, Bahnhofstraße 12, ☎ 952 99,
    ⌨ www.floersheim-main.de, ✉ rathaus@floersheim-main.de, 🕮 Mo bis Fr 7:30 bis
    13:00, Di, Do bis 18:00

🛏 **Gästehaus Altstadt-Galerie**, Untermainstraße 20, ☎ 26 00, 📱 01 71/751 42 68,
    ⌨ www.altstadt-galerie-hgr.de, ✉ christine.ruppert@t-online.de, ➲ 2 km, 9 Betten,
    ÜF EZ € 45, DZ € 75, Appartement für 2 Pers. € 85, für 3 Pers. € 120, für 4 Pers.
    € 145, 🍴 🚗 📷

◆ **Karthäuser Hof**, Karthäuser Straße 1, ☎ 86 49, 📱 01 74/295 49 45,
    ⌨ www.karthaeuserhof.info, ✉ hotel@karthaeuserhof.info, ➲ 2 km, 21 Betten,
    ÜF EZ € 43-65, DZ € 69-88, Frühstücksbuffet € 6,80, Sauna, Fitnessstudio, Garten
    @ 🚲 ✕ mit deutscher und internationaler Küche, Sommerbiergarten ⛱ 🍴
    (€ 6,40) 📷

🏠   **Wanderlust Hostel**, Jahnstraße 11-15, ☎ 77 37, 🖥 www.hostel3.net,
✉ info@hostel3.net, ➲ 1 km, 55 Betten, ÜF im EZ € 35, im DZ € 27,50, im MBZ
ab € 20. @ ⚲ 🛋 🀱 🐂 🚶 🚴 🚗 📷

⌘   **Heimatmuseum**, Hauptstraße 43, ☎ 45 65 (Bernd Blisch), ▯ 1. So im Monat 14:00
bis 18:00 oder nach Vereinbarung, mit einer Sammlung von Flörsheimer Fayencen,
einer besonderen Art von Porzellan

✝   barocke Kirche **St. Gallus**

⊙   ✕ **Wiesenmühle**

🚆   S1, S10

🚌   Linien 809, 818, 819

5. Etappe: Wicker bis Bad Weilbach
Zum Schwefelbrunnen

➲ *2,1 km,* ↑ *8 m,* ↓ *28 m,* ⇧ *120-145 m, Karte/HP S. 60/61*

An der Kirche von Wicker biegen Sie rechts in die Straße Am Graben ein.
Sie queren nun die B40 (= Kirschgartenstraße) und folgen der Flörsheimer
Straße geradeaus, danach geht es im Zickzack aus dem Ort heraus: Die
1. Straße links heißt Odenwaldstraße, auf dieser gehen Sie bis zur Wester-
waldstraße. An deren Ende gehen Sie links in die Bad Weilbachstraße. Nun
biegen Sie rechts in die Neckarstraße, an deren Ende links und kurz darauf
rechts in die Mainstraße.

Nehmen Sie den ersten Feldweg links und bleiben Sie auf der Höhe
zwischen etlichen Kunstwerken eines internationalen Bildhauersymposi-
ums 1999 rechts, bis zu einer Wegkreuzung mit einem Kunstwerk namens
Schauaufsland. Hier führt die Route nicht links in den Fahrweg, sondern
erst dahinter links auf einem Fußweg weiter.

Am Waldrand gehen Sie rechts und nach 20 m links in den Wald hinein.
Im Wald gehen Sie geradeaus und erreichen die Schwefelquelle von Bad
Weilbach. Hinter der Quelle biegen Sie links in die Parkstraße, sie wird
hier zum Faulbrunnenweg.

Quellen in Bad Weilbach

In Bad Weilbach finden Sie gleich zwei unterschiedliche Mineralquellen.
Die ursprünglich sumpfige, inzwischen zum Brunnen gefasste Schwefel-

quelle wurde schon vor mehreren Hundert Jahren entdeckt und wegen ihres hohen Schwefelanteils bei Erkrankungen der Atemwege und der Haut eingesetzt. Noch heute gehen die Anwohner mit Flaschen und Kanistern zur Quelle und zapfen sich Wasser für daheim. Wegen seines Geruchs wird der Brunnen von den Einheimischen Faulborn genannt, das Wasser riecht aber schlimmer als es schmeckt.

Ab 1784 begann hier mit der ersten Fassung der Quelle ein reger Kurbetrieb, ganz nah der Quelle entstanden ein stattliches Kurhaus, ein Inhalatorium und ein Kurpark. Zu den Kurgästen zählten auch die Rothschilds und Johann Wolfgang von Goethe.

Etwa im Jahr 1860 wurde eine zweite Quelle entdeckt, deren Wasser reich an Natron-Lithionen ist. Dieser Sauerbrunnen liegt genau an der heutigen A3 und hilft nach Aussage der Einheimischen bei Nieren- und Blasenleiden, bei Nieren-, Blasen- und Gallensteinen sowie bei Erkrankungen des Magens, der Lungen und des Kehlkopfes.

Flörsheim-Bad Weilbach   🍷 🚌 ✉ 65439 ☎ 06145

N50°02.238' E8°25.801' (Brücke am Sauerbrunnen)

🔑 **Hotel Waldesruh**, Faulbrunnenweg 102, ☎ 326 12,
    💻 www.hotel-waldesruh.com, ✉ info@hotel-waldesruh.com, ➜ am Weg, 23 Betten, ÜF EZ € 35-55, DZ € 55-65, ✕ mit 🍷 Irish Pub 🛋 🔥

⌘ **Kurbadeanlage** von 1838 in klassizistischem Stil

🚌 Linien 809, 818, 819

6. Etappe: Bad Weilbach bis Weilbach

Sauerbrunnen und Aussichtspunkt

➜ *1,1 km,* ↑ *3 m,* ↓ *9 m,* ⇧ *114-123 m, Karte/HP S. 75*

Hinter dem 🔑 Hotel Waldesruh gehen Sie weiter geradeaus. Direkt vor der Autobahn führt rechts ein schmaler Pfad zum natrium- und lithiumhaltigen Sauerbrunnen, die Bonifatius-Route führt aber geradeaus auf einer Brücke über die Autobahn A3 und die ICE-Strecke.

Unmittelbar hinter der Autobahn stoßen Sie auf einen 🏳 Aussichtspunkt, von dem Sie den Feldberg und die Silhouette von Frankfurt am Main sehen können.

Aussichtspunkt zwischen Bad Weilbach und Weilbach

Sie folgen dem Faulbrunnenweg geradeaus und passieren dabei die Feuerwehr und die evangelische Kirche. An einem Kruzifix gehen Sie 10 m nach links und biegen dann rechts in die Frankfurter Straße ab. Gehen Sie geradeaus über die Brücke mit dem hl. Nepomuk.

Flörsheim-Weilbach   🦌 BANK 🚉 ✿ ✕ 🚌 ✉ 65439 ① 06145

N50°02.708' E8°26.106' (Kirche)

🛏️   **Gasthaus Zum Schwanen**, Frankfurter Straße 13, ☎ 329 08,

      💻 www.zumschwanen-weilbach.de, ✉ info@zumschwanen-weilbach.de,

      ⮕ am Weg, 30 Betten, Ü EZ ab € 30, DZ ab € 65, F € 5, ✕

✝   kath. **Pfarrkirche Maria Himmelfahrt** von 1875, neoromanische Säulenbasilika mit spätgotischem Taufbecken aus der alten Pfarrkirche von 1653

⦿   ✝ **Maria Himmelfahrt**, Frankfurter Straße 36

🚌   Linien 818, 819

7. Etappe: Weilbach bis Kriftel

Kiesgrubenlandschaft Weilbach

➲ *6,6 km,* ⬆ *42 m,* ⬇ *47 m,* ⬆ *104-135 m, Karte/HP S. 75*

Hinter der Weilbacher Kirche biegen Sie an einer Ampel rechts ab und nehmen die erste Straße links. Das ist die Frankenstraße. Nun gehen Sie rechts in die Keltenstraße und links in Richtung Hattersheim (Schillerstraße). Dabei gehen Sie durch ein ehemaliges Kiesgrubengebiet, das inzwischen rekultiviert und zum Naturschutzgebiet „Kiesgrubenlandschaft Weilbach" erklärt wurde.

Im Naturschutzgebiet

Am Hof Erhardt gehen Sie rechts und dahinter links weiter durch die Wiesenlandschaft, hinter einem Metallraben wieder links. Eine Mauer, zwei Zäune, Scheinwerfer und Kameras lassen links des Weges nichts Gutes ahnen. Was das genau ist, lässt sich nicht ermitteln, Google Maps zeigt es als Tierfarm an. In jedem Fall gehen Sie vor dem großen Gebäude rechts, hinter einem kleinen Naturschutzgebiet links und um 10 m nach links versetzt geradeaus zur Landstraße. Diese führt rechts nach Hattersheim, der Ort ist eine alte Postkutschenstation auf der Via Regia und wurde erstmals 1132 urkundlich erwähnt.

Via Regia

Dieser alte Verkehrsweg geht auf den römischen Feldherrn Drusus zurück, der im ersten vorchristlichen Jahrhundert von Mainz aus nach Osten zur Elbe zog. Später wurde sie in beide Richtungen verlängert. Wörtlich übersetzt ist die Via Regia der Königsweg oder die Königsstraße; sie stand stets unter dem besonderen Schutz der jeweiligen Regenten. Römische Legionäre, Händler, königliche Boten, Pilger und Touristen nutzten sie zu allen Zeiten.

Die älteste Landverbindung zwischen Ost- und Westeuropa führt auf 4.500 km von Kiew bzw. Vilnius nach Brügge und Santiago de Compostela. Dabei werden heute die acht Länder Ukraine, Litauen, Weißrussland, Polen, Deutschland, Luxemburg, Frankreich und Spanien miteinander verbunden. Hinter Erfurt trennten sich die Wegalternativen über Marburg, Köln und Aachen nach Brügge und über Fulda, Frankfurt und Paris nach Santiago.

Hattersheim

≋ 1 km 🏃 BANK 🚉 🚻 ♥ ⛵ ✕ 🍺 🍸 🚈 🚌

✉ 65795 ☎ 06190

🏠 **Stadtverwaltung**, Fremdenverkehr, Rathausstraße 10, ☎ 97 01 83, 🖥 www.hattersheim.de, ✉ stadtpunkt@hattersheim.de, 🚪 Stadtpunkt Mo, Do 7:30 bis 15:00, Di, Fr 7:30 bis 12:00, Mi bis 18:00

🛏 **Gästehaus Frankfurt**, Mainzer Landstraße 50, ☎ 93 47 40, 🖥 www.messezimmer-rheinmain.de, ✉ info@messezimmer-rheinmain.de, info@sun-time.de, ≋ 800 m, 13 Betten, Ü EZ € 39, DZ € 69, weitere Pers. € 19, Frühstück € 6. Küche zur freien Nutzung, Terrasse, 🐕 🚲 💼

◆ **Maria Hefke**, Lindenstraße 44, ☎ 721 04, 📱 01 75/284 91 98, 01 52/34 17 25 53, 🖥 www.appartment24.info, ✉ m.hefke@gmail.com, ≋ 1 km, 24 Betten, ÜF EZ ab € 30, DZ ab € 50. FeWo mit Küche, @ 🌲 🏠 🖨 🐕 🚗 💼

◆ **City Partner Parkhotel** am Posthof, Mainzer Landstraße 33, ☎ 899 90, 🖥 www.parkhotel-ffm.de, ✉ info@parkhotel-ffm.de, ≋ 1,4 km, 82 Betten, Preise auf Anfrage, 🐕 € 10, zentrale, ruhige Lage im Ort, 🌲 🏠 🚲 ✕

◆ **Hotel am Schwimmbad**, Staufenstraße 35, ☎ 990 50, 🖥 www.hotel-am-schwimmbad.de, ✉ info@hotel-am-schwimmbad.de, ≋ 1,5 km, 42 Betten, ÜF EZ € 63, DZ € 89, Preise am Wochenende noch verhandelbar, 🏠 🌲 🖨 💼 🚲

≋ **Freibad**, Ladislaus-Winterstein-Ring 2, ☎ 89 15 30, 🚪 Mai bis Aug Mo 10:00 bis 20:00, Di, Mi, Fr 6:15 bis 20:00, Do, Sa, So, Fei 8:00 bis 20:00

🌼 Das **Rosarium** mit über 6.500 Rosen erinnert an den Rosenanbau im 20. Jahrhundert.

🚈 S1, S10

🚌 Linien 834, 835, 836

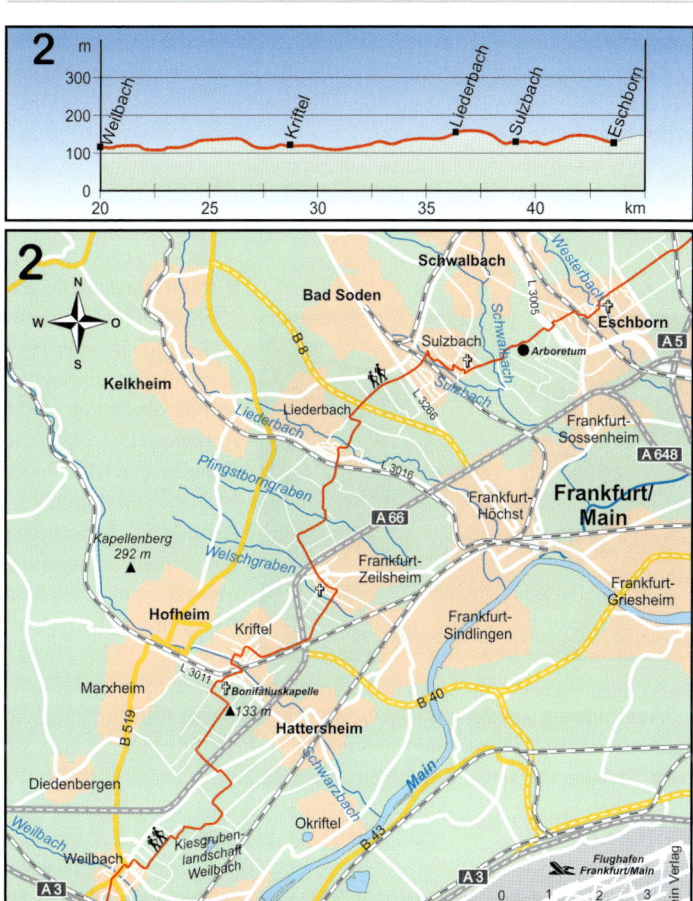

Wenn Sie auf der Bonifatius-Route bleiben wollen, queren Sie die Landstraße um 30 m nach links versetzt, gehen auf eine Baumgruppe zu und überqueren die Autobahn A66. An einer T-Kreuzung biegen Sie rechts ab, voraus ist der Ort Hofheim zu sehen. An der nächsten T-Kreuzung wählen Sie den linken Weg durch die Obstplantagen, vor der Kreuzung müssen

Sie der Versuchung widerstehen, Kirschen zu klauen, dahinter Äpfel. Wie gut, dass sie nicht zur gleichen Zeit reif sind ... Kriftel ist mit geschätzten 200.000 Obstbäumen Hessens größte Obstbaugemeinde und gilt als Obstgarten des Vordertaunus.

Hinter einer weiteren kulinarischen Versuchung in Form einer Erdbeerplantage gehen Sie rechts in die Straße An der Bonifatiuskapelle. Die namensgebende Kapelle liegt rechter Hand mit schönem Blick ins Maintal.

Bonifatiuskapelle

✝ **Bonifatiuskapelle**, die 1755 unten im Tal gebaute Kapelle musste 1959 einer Straße weichen und wurde durch die 1958 fertiggestellte, aktuelle Kapelle ersetzt. Leider ist diese meist geschlossen und Sie können den mit einem Bonifatius-Mosaik geschmückten Altarraum nicht bewundern.

Am Ende der Zufahrt zur Kapelle erreichen Sie eine  Bushaltestelle (Linien 810, 834). Wenn Sie der Straße nach links folgen, erreichen Sie nach Hofheim mit seiner gemütlichen Altstadt.

Hofheim   ⟳ 1,8 km 🏃 🏦 🚉 🛗 ♥ 🏊 ✗ 🍴 🍺 🚐 🚌

⌨ 65719 ⏰ 06192

🛈 **Stadtverwaltung**, Chinonplatz 2, ☎ 20 22 83, 🖥 www.hofheim.de, 🕗 Mo bis Do 7:30 bis 18:00, Fr 7:30 bis 16:00, Sa 9:00 bis 12:00

🛏 **Hotel Restaurant Dreispitz**, In der Dreispitz 6, ☎ 965 20, 🖥 hotel-dreispitz.de, ✉ laur@hotel-dreispitz.de, ⟳ 1,5 km, 34 Betten, ÜF EZ ab € 72, DZ ab € 92, Dreibettzimmer ab € 100, ⛩ 🐕

⌘ **Stadtmuseum**, Burgstraße 11, ☎ 90 03 05, ✉ stadtmuseum@hofheim.de, 🕗 Di bis Fr 14:00 bis 17:00, Sa, So 11:00 bis 18:00. Am Rand der Hofheimer Altstadt in einem Kurmainzer Hofgut aus dem frühen 18. Jh. Es beherbergt eine Kunstsammlung mit Schwerpunkt bei Künstlern aus dem Blauen Haus und eine umfangreiche Sammlung aus der Stadtgeschichte von der Römerzeit bis heute. Besonderer Raum wird der Lederindustrie eingeräumt, die hier im Lorsbachtal ab 1850 das Stadtbild prägte.

✝ **Hofheimer Bergkapelle**, ⛫ Juni bis Sep So 15:00 bis 17:00. Als im Jahr 1666 überall die Pest wütete, zog am 3. Juni 1666 der Hofheimer Pfarrer Johannes Gleidener mit seiner Gemeinde in einer Prozession hinauf zum Rabberg (= Räuberberg) und betete um die Verschonung von der Pest. Er gab das Gelöbnis ab, an dieser Stelle eine Marienkapelle zu bauen. Dieses Versprechen wurde auch eingelöst, schon am 29.09.1667 wurde die erste Fachwerkkapelle eingeweiht. Seither kommen jedes Jahr am ersten Sonntag im Juli viele Gläubige zu einer Wallfahrt zusammen und ziehen in einer feierlichen Prozession hinauf zur Hofheimer Bergkapelle.

〰 **Rhein-Main Therme**, Niederhofheimer Straße 67, ☎ 977 79-0, 🖳 www.rhein-main-therme.de, ⛫ 9:00 bis 23:00. Erlebnisbad mit Rutschen, Wellenbad, Saunas, Dampfbad, Whirlpool, Sprungturm, Solebecken und Garten ✗ 🍷

⛳ **Golfclub Hof Hausen** vor der Sonne Golf AG, Reifenberger Straße, ☎ 20 99-00, 🖳 www.hofhausengolf.de, 18-Loch-Meisterschaftsplatz und 6-Loch-Kurzplatz

🚊 S2, Regionalbahn 20

🚌 Linien 809, 810, 812, 834, 835

Auch die Bonifatius-Route geht an der 🚌 Bushaltestelle links, dann aber im Kreisverkehr rechts durch den Limburger Weg auf einer Fußgängerbrücke über die L3011, dahinter rechts parallel zur Bahnlinie. Sobald Sie links eine Bahnunterführung sehen, biegen Sie ab und gehen durch diese Unterführung (Wiesbadener Straße). Nehmen Sie die erste Straße nach rechts, das ist die Kapellenstraße. Auf der Brücke überqueren Sie den Schwarzbach und erreichen geradeaus durch die Kapellenstraße die Krifteler Kirche.

Kriftel   🛐 🏦 🚊 ⚑ ✗ 📞 🚌 🚍 📧 65830 ☎ 06192

N50°04.963' E8°27.993' (Kirche)

ℹ **Gemeinde Kriftel**, Frankfurter Straße 33-37, 🖳 www.kriftel.de

🛏 **Irene Hebauf**, Friedrich-Ebert-Straße 16, ☎ 422 35, ➲ 100 m, 10 Betten, ÜF ab € 23

◆ **Villa Orchard**, Im Engler 16, ☎ 979 45 13, 🖳 www.villaorchard.de, ✉ joan@villaorchard.de, ➲ 200 m, 8 Betten, ÜF EZ/DZ € 46-89, @

- **Krifteler Hof**, Frankfurter Straße 17, ☏ 200 01 33, ➲ 300 m, 17 Betten, Ü DZ € 100, kein Frühstück, ✗ koreanisch, Achtung bei Reservierung und Anmeldung: nur die Chefin spricht Deutsch!

- **Heimatgeschichtliche Sammlung** Kriftel, Schulstraße 2, ☏ 469 02 (Museum), ☏ 437 56 (Anmeldung beim Gemeindearchivar), ✉ krementz@t-online.de, ▤ 1. So im Monat 10:00 bis 12:00 oder nach Vereinbarung. Ausgestellt sind unter anderem zwei Holzplastiken von Maria mit der Mondsichel und vom hl. Sebastian aus früheren Bonifatius-Kapellen

- **Bonifatiuskreuz** am Lindenplatz, erstmals erwähnt im Jahr 1555

- **St. Vitus** (📷 S. 49), neugotischer Bau von 1868 mit Doppelturmfassade, hier hängt St. Bonifatius rechts vom Chor, auch an die hl. Elisabeth von Thüringen wird erinnert

- **🜨 Stern Apotheke** und ✝ **St. Vitus**, Kapellenstraße 1 (frei zugänglich im Kirchenvorraum)

- Parkbad, Parkstraße, ☏ 471 98, ▤ Mai bis Aug/Sep je nach Wetterlage 8:00 bis 20:00

- S2, Regionalbahn 20

- Linien 810, 834, 835

8. Etappe: Kriftel bis Zeilsheim

Nach Frankfurt hinein

➲ *3,7 km,* ↑ *23 m,* ↓ *22 m,* ⇧ *107-119 m, Karte/HP S. 75*

Hinter der Krifteler Kirche gehen Sie rechts und an der nächsten Kreuzung links die Frankfurter Straße hinauf. Oben an dem Platz mit der großen Uhr und dem Lindenkreuz biegen Sie rechts in die Bahnhofstraße. Am Bahnhof wenden Sie sich nach links und überqueren den Platz von Airaines. Er hieß früher Bahnhofsplatz und ist nun nach der französischen Partnerstadt von Kriftel benannt. Hinter dem Platz gehen Sie nach rechts und nehmen nach etwa 10 m links den Fußweg durch den Park.

Sie verlassen nun den Schotterweg und gehen quasi geradeaus durch ein Wohngebiet, parallel zur Bahnlinie. Der Weg unterquert die Autobahn A66 und führt dahinter links Richtung Frankfurt-Höchst und -Sindlingen.

Sie erreichen nun den Frankfurter Stadtteil Zeilsheim auf der Blauländchenstraße, hier biegen Sie links in die Straße Alt-Zeilsheim.

Frankfurt-Zeilsheim 🦌 BANK ⚒ ♻ ✕ 🍴 🚐 🚆 ✉ 65931 ① 069

N50°05.677' E8°29.635' (Alt-Zeilsheim)

🛏 **Fair Hotel Nassauer Hof**, Alt Zeilsheim 49, ☎ 36 10 51, ➲ am Weg, 20 Betten, ÜF EZ ab € 37, DZ ab € 47, @

⌘ **Heimatmuseum Zeilsheim**, Pfaffenwiese 2, ☎ 36 21 33, 🖳 www.zhgv.de, 🗓 Mitte April bis Mitte Okt Sa 10:00 bis 12:00

♰ **St. Bartholomäus**, erbaut 1816/1817, mit Pestmadonna von 1668

⊙ ♰ **St. Bartholomäus**, Saalfelder Straße 11, im Vorraum

🚌 Linien 50, 53, 54, 810

9. Etappe: Zeilsheim bis Oberliederbach
In Frankfurt und doch angenehm ländlich

➲ *3,1 km,* ↑ *40 m,* ↓ *9 m,* ⇧ *113-134 m, Karte/HP S. 75*

Hinter der Kirche gehen Sie mit dem Radweg R8 unter der Autobahn A66 hindurch. Die Autobahn verläuft heute auf der früheren Römerstraße; die Historiker gehen davon aus, dass sie im 8. Jh. noch so gut intakt war, dass der Leichenzug sie zur Überführung des Bonifatius nutzte. Wie schön, dass die Planer der Bonifatius-Route sich nicht sklavisch an den vermuteten historischen Weg gehalten haben …

Hinter einigen Gärten biegen Sie rechts ab und wandern durch Felder bergab. Sie haben einen schönen Blick auf den Taunus und nach Frankfurt hinüber. Unterqueren Sie die Stromleitung und halten Sie sich bei einer Einmündung von rechts weiter geradeaus.

Nun geht es wieder bergauf, hinter dem Pfingstborngraben schlängelt sich der Weg zunächst nach links führend durch die Felder nach Liederbach hinein. Gehen Sie an einer Gabelung rechts, queren Sie die Bahnlinie und gehen Sie an der Ampelkreuzung geradeaus. Auf dem Straßenschild steht hier Alt-Oberliederbach.

Liederbach-Oberliederbach 🦌 BANK ⚒ ♻ ✕ 🚐 🚆

✉ 65835 ① 069

N50°07.032' E8°29.733' (Alt-Oberliederbach)

 **Gemeindeverwaltung**, ☎ 30 09 80, 🖳 www.liederbach-taunus.de, 🗓 Mo, Di, Fr 8:00 bis 12:00, Mi 9:00 bis 12:00, 15:00 bis 19:00

Am Horizont zeichnet sich die Frankfurter Skyline ab

- **Hotel Liederbacher Hof**, Höchster Straße 9, Ecke Taunusstraße,
  ☎ 339 96 60, 🖥 www.liederbacher-hof.de, ✉ info@liederbacher-hof.de, ➲ am
  Weg, 30 Betten, ÜF EZ € 62, DZ € 95, So Anreise ab 18:00, @ ✗ 🛋 ☂ 🐕 🐾
- **Schöne Aussicht**, Am Park 6, ☎ 33 13 19,
  🖥 www.restaurant-schoene-aussicht.de,
  ✉ info@restaurant-schoene-aussicht.de, ➲ am Weg, 18 Betten, ÜF EZ ab € 50,
  DZ ab € 80, ✗
- **Hotel Zaika**, Höchster Straße 1-3, ☎ 257 78, 🖥 www.zaika-hotel.de,
  ✉ info@zaika-hotel.de, ➲ 1,3 km, 20 Betten, ÜF EZ € 55, DZ € 85, Messepreise:
  € 82 bzw. 110, @ ✗ authentische und gute indische Küche
- evangelische Kirche, klassizistischer Saalbau mit einer Orgel, die der Überlieferung
  nach von Felix Mendelssohn Bartholdy gespielt wurde
- ➲ 450 m
- Regionalbahn 12, Haltepunkte Liederbach (westl. der Route) und Liederbach Süd
  (östl. der Route)
- Linie 804, 814

Liederbach-Niederhofheim ⮕ 2,5 km 🚊 ✕ 📧 65835 ① 06196

🛏 **Ferienhaus Reiter**, Gartenstraße 42, ☎ 624 71, 📱 01 73/322 03 01,
   ✍ Petra.Reiter@db.com, ⮕ 1,5 km, 9 Betten in 2 DZ und Studio für bis zu 5 Personen, ÜF auf Anfrage (abhängig von Messezeit, Personenzahl und Zahl der Nächte), Privatunterkunft mit schönem Garten und großer Sonnenterrasse. 🐕 🛏 🍴
   🚗 📷 jeweils auf Anfrage

◆ **Pension Naumann**, Alt Niederhofheim 70, ☎ 217 53, 📱 01 72/636 61 41,
   💻 www.naumann-liederbach.de, ✍ pensionnaumann@arcor.de, ⮕ 2 km, 5 Betten, ÜF EZ ab € 45, DZ ab € 70, DBZ ab € 90. Außerdem FeWo für max. 5 Pers. Aufenthaltsraum, Terrasse mit Grill, 🍴 nach Anmeldung 🛏 Teeküche 🚲 🐕 🚗

10. Etappe: Oberliederbach bis Sulzbach
Durch Felder und Wiesen
⮕ 3,2 km, ↑ 26 m, ↓ 36 m, ⇧ 132-158 m, Karte/HP S. 75

Am 🛏 ✕ Hotel Schöne Aussicht gehen Sie rechts in die Straße An den Hofgärten. Auf der rechten Seite entdecken Sie ein Bonifatius-Denkmal, auf dem die Entfernungen nach Mainz (32 km) und nach Fulda (140 km) angegeben sind. Der Weg führt links vom Denkmal weiter, die Straße macht an einem Seniorenheim einen Linksbogen. Hinter einer Brücke an einer Feldwegkreuzung gehen Sie geradeaus, am Ende des ersten Feldes links auf einem Wiesenweg weiter und biegen dann rechts ab.

Unterqueren Sie die B8 und gehen Sie dahinter immer geradeaus nach Sulzbach hinein. Die Straße heißt ab dem Ortseingang Oberliederbacher Weg. Nun dürfen Sie nicht der Otto-Volger-Straße folgen, sondern gehen hinter einer großen Sitzgruppe durch den Park parallel zum Oberliederbacher Weg und queren die Bahnlinie und den Sulzbach.

Der Straße Am Klippelgarten folgen Sie nach rechts bis zu einem Bolzplatz, davor nehmen Sie den Rad-/Fußweg links und gehen kurz darauf rechts am Schulgebäude entlang durch den Park. Sie passieren eine Bank, 🚶 Fußpilger biegen vor einem Spielplatz links ab und kommen an einem Kinderhort vorbei. Oben angekommen gehen Sie rechts und nach 10 m links zur Ampelkreuzung. Dort gehen Sie rechts zum Platz an der Linde, hier nehmen Sie rechts von einem Biergarten und einer Kirche den kleinen Fußweg zwischen dem alten und dem neuen Friedhof.

🚲   Radpilger fahren geradeaus an dem Spielplatz entlang und erreichen das Rathaus. Dort, gegenüber einer ✗ Trattoria, befindet sich eine vom Rathaus betreute E-Bike-Ladestation. Dahinter biegen Sie links ab und erreichen bald wieder die Fußpilgerroute.

Offene evangelische Kirche in Sulzbach

Sulzbach/Taunus   🏃 🏧 🛆 ♀ ✗ 🛏 🚐 🚍 🖃 65843 ☽ 06196

N50°07.954' E8°31.797' (Kirchen)

- ℹ️ **Gemeindeverwaltung**, Hauptstraße 11, ☎ 702 10, 🖥 www.sulzbach-taunus.de, 🕐 Mo bis Fr 7:30 bis 12:30, Di 14:00 bis 18:00, Mi 14:00 bis 16:30
- 🛏 **Hotel Sulzbacher Hof**, Mühlstraße 11, ☎ 505 10, 🖥 www.hotels-rheinmain.de, 📧 info@hotels-rheinmain.de, ➲ am Weg, 54 Betten, ÜF EZ ab € 69, DZ ab € 95, DBZ € 150. @ 🗐 🔥 🛋 🚲 🚗 ◼
- ✝ **evangelische Kirche** mit Fronhof, 🕐 Di 9:00 bis 13:00, Sa 10:00 bis 16:00, So 11:00 bis 13:00, ⊙
- ⊙ in der **evangelischen Kirche**
- 🚆 Regionalbahn 13
- 🚌 Linien 253, 803, 811

11. Etappe: Sulzbach bis Eschborn
Exotische Bäume im Arboretum
➡ *4,6 km,* ↑ *37 m,* ↓ *40 m,* ⇡ *122-146 m, Karte/HP S. 75*

Hinter den Friedhöfen wandern Sie rechts weiter und am Ende des Weges links. An einer Litfaßsäule biegen Sie links ab und folgen geradeaus der Eschborner Straße. Sie passieren nun ein Tierheim und eine Kleingartenanlage, auf einer Brücke überqueren Sie den Schwalbach. Rechts liegt das ✖ Restaurant Wiesenhof Ponderosa, Sie gehen weiter geradeaus Richtung Eschborn und erreichen das Arboretum, eine 76 ha große Waldparklandschaft mit über 600 verschiedenen Baum- und Straucharten aus aller Welt.

An einer Gabelung gehen Sie rechts und folgen dem Weg - alle Abzweigungen ignorierend - durchs Arboretum bis zur Schranke am anderen Ende. Nun queren Sie die L3005 und kommen auf der Sulzbacher Straße nach Eschborn herein. Rechts vom 🚉 Bahnhof gehen Sie auf der Schwalbacher Straße geradeaus über den Bahnübergang, dahinter rechts. Das ist immer noch die Schwalbacher Straße, die bald einen leichten Linksschwenk macht. Sie biegen rechts in die Hauptstraße ein und folgen dieser an der Ampel nach links. Sie erreichen nun das Etappenziel vor der Kirche am Eschenplatz.

Eschborn   ⚔ 🚉 🚘 🚃 📜 65760 ③ 06196
N50°08.602' E8°34.140' (Kirche)

⚑ **Stadtverwaltung** - Tourismus, Rathausplatz 36, ☎ 49 01 07, 🖥 www.eschborn.de,
   ✉ info@eschborn.de, 🗑 Mo bis Fr 8:00 bis 12:00, Mi auch 15:00 bis 18:00

🚌 **Pension Rowoldt**, Schwalbacher Straße 44, ☎ 412 19, 📱 01 71/367 38 86,
   🖥 www.pension-rowoldt.de, ✉ pension.rowoldt@t-online.de, ➡ 50 m, 8 Betten,
   ÜF EZ € 50, DZ € 70, MBZ € 30 p.P. Sehr nette Gastleute, Garten, kleine Bibliothek,
   @ 🐕 🏠 🌲 schließt 📷 nicht grundsätzlich aus

◆ **Pension Garni Angelika**, Pfingstbrunnenstraße 8, ☎ 93 03 30,
   🖥 www.garniangelika.de, ✉ info@garniangelika.de, ➡ 200 m, ÜF EZ € 62-80,
   DZ € 90-120, Wochenendpreise auf Anfrage, @

◆ **Mercure Hotel Frankfurt** Eschborn Ost, Helfmann Park 6, ☎ 90 10,
   ✉ h0491@accor.com, ➡ 800 m, 158 Zimmer, Ü EZ ab € 74, DZ ab € 89, Außenschwimmbad, Sonnenterrasse, @ ✖ 🚙 (Bus-Shuttle zur S-Bahn-Station Eschborn-Süd)

⌘   **Museum der Stadt Eschborn**, Eschenplatz 1, ☎ 490-232,
       ✆ museum@eschborn.de, ⌚ Mi, Sa 15:00 bis 18:00, So 14:00 bis 18:00, ausge-
       stellt ist neben zahlreichen Exponaten aus der Ortsgeschichte ein Bonifatiuskreuz

✝   **evangelische Kirche**, ursprünglich dreischiffig, im 17.-19. Jh. zur Saalkirche umge-
       staltet

⊙   ⌘ **Museum** der Stadt Eschborn und **Café Vis-à-Vis** im Mehrgenerationenhaus der
       ev. Kirche, ⌚ Di 9:00 bis 14:30, Mi, Do 9:00 bis 17:00

🏋   **Sport Jansen**, Schwalbacher Straße 16, für den Notkauf: Wandersocken und Ban-
       dagen

🏊   **Wiesenbad Eschborn**, Hauptstraße 258-260, ☎ 99 88 10,
       ✆ wiesenbad@eschborn.de, ⌚ Hallenbad Di, Mi, Do 7:00 bis 22:00, Fr 7:00 bis
       20:00, Sa, So 8:00 bis 18:00, Freibad Mai bis Sep 10:00 bis 20:00, Sauna Damen Di
       9:00 bis 13:30, Mi 9:00 bis 21:00, Fr 14:00 bis 21:00, Herren Di 14:00 bis 21:00, Fr
       9:00 bis 13:30, gemischte Sauna Mo 14:00 bis 21:00, Do 9:00 bis 21:00, Sa, So 9:00
       bis 20:00, ♟

    S3, S4

    Linien 2, 58, 252, 810, 825

12. Etappe: Eschborn bis Niederursel

Frankfurter Skyline

➲ *5,2 km,* ↑ *40 m,* ↓ *44 m,* ⇧ *124-145 m, Karte/HP rechts*

Am Eschenplatz gehen Sie links und gelangen zum Dorfplatz, hier gehen
Sie über die Bachbrücke (Westerbach) geradeaus in die Neugasse, nehmen
dann die erste Straße rechts und wandern geradeaus weiter. Nun halten Sie
sich halb rechts Richtung Kreisverkehr, dort gehen Sie quasi geradeaus in
die Hunsrückstraße. An einer Ampel folgen Sie dem Feldweg geradeaus bis
zur Bahnlinie, hier haben Sie nach rechts wieder einen schönen Blick auf
die Frankfurter Skyline.

Elisabethpfad

Hinter Eschborn kreuzen Sie einen anderen Pilgerweg, den 147 km langen
Elisabethpfad von Frankfurt am Main zum Grab der heiligen Elisabeth in
Marburg. Markierte Elisabethpfade gibt es von Frankfurt, Eisenach und
Köln nach Marburg; mit ihnen wird die christliche Tradition gepflegt, auf

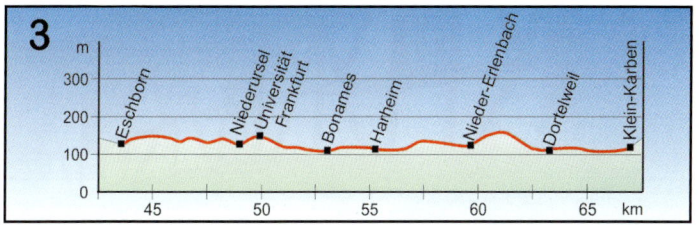

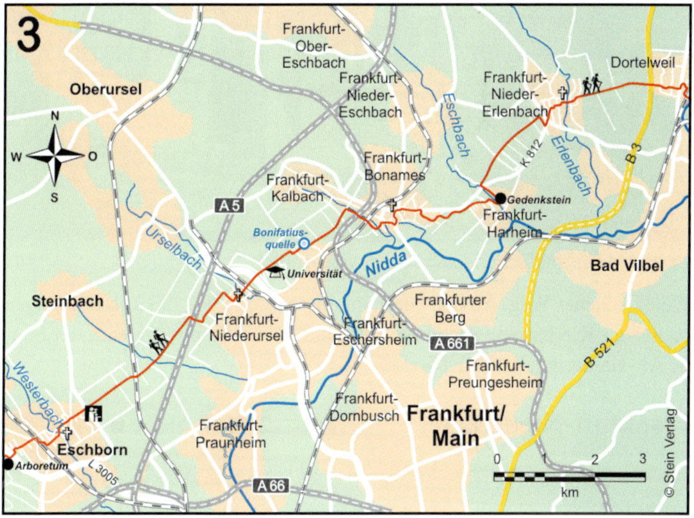

ökumenischen Pilgerwegen zur Grabkirche der heiligen Elisabeth zu wandern. Nähere Informationen erhalten Sie vom Verein Elisabethpfad e.V. in Marburg, ☎ 064 21/656 83, 🖥 www.elisabethpfad.de.

📖 Elisabethpfad von Eisenach nach Marburg, Thorsten Hoyer, Conrad Stein Verlag, Der Weg ist das Ziel, ISBN 978-3-86686-255-5, € 9,90

Die Bahnlinie überqueren Sie auf einer Brücke, an der nächsten Kreuzung geht es rechts nach Praunheim. Gehen Sie dort geradeaus bergab und wieder bergauf. Nach dem nächsten Gefälle gehen Sie rechts unter der Autobahn A5 hindurch. Nehmen Sie nun den ersten Feldweg links und gehen Sie hinter dem Friedhof rechts. Die Straße heißt im weiteren Verlauf

Fachwerkbau mit schönen Rosen in Niederursel

Weißkirchener Weg. An den Glascontainern biegen Sie links ab und folgen rechts der Kirchstraße Richtung Amselhof. Diese Etappe endet in der Straße Alt-Niederursel an der Kirche.

Frankfurt-Niederursel

60439 ☽ 069

N50°10.018' E8°37.301' (Kirche)

🛏 **Relaxa Hotel**, Lurgiallee 2, ☎ 95 77 80, 💻 www.relaxa-hotel-frankfurt. de, ✉ frankfurt-main@relaxa-hotel.de, ➲ 500 m, 300 Betten, ÜF EZ Fr-So ab € 70, Mo-Do ab € 125, DZ Fr-So ab € 86, Mo-Do ab € 155, Sauna, Dampfbad, Fitnessbereich, Wellness auf Anfrage, @ ✗ ♈ 🐎 🛋 ⚓ 🚲

✗ **Zum Lahmen Esel**, Krautgartenweg 1, 🗋 Di bis So 11:30 bis 14:00, ab 17:00, gute typisch hessische Küche. Mein Tipp ☺: ein Schluck Eselsblut (köstlicher Himbeerlikör) vor dem Start zur nächsten Teiletappe.

✝ **evangelische Kirche** von 1928. Der Architekt Martin Elsaesser plante auch die Frankfurter Großmarkthalle, in der heute die Europäische Zentralbank sitzt.

⊙ ✗ **Zu den drei Raben**, Alt Niederursel 1, und ✗ **Zum Lahmen Esel**, Krautgartenweg 1, **Veranstaltungsservice bel mondo**, Alt Niederursel 51

 U3

13. Etappe: Niederursel bis Bonames

Bonifatiusbrunnen und Krutzenkirche

➲ *4,3 km,* ↑ *39 m,* ↓ *54 m,* ⇧ *108-145 m, Karte/HP S. 85*

An der Kirche biegen Sie links ab, gehen auf einer Brücke über den Ursel-
bach und passieren zwei ✕ Gasthöfe. Hinter dem Lahmen Esel (✕ ☕ ⊙)
queren Sie die Bahnlinie und folgen der Straße geradeaus namens Kreuzer-
hohl. Dabei haben Sie den Mühlenwanderweg gekreuzt, einen örtlichen
Wanderweg, der über die ehemals 41 Mühlen im Urselbachtal informiert.

Bonifatiusbrunnen

   Sie gehen bergauf, geradeaus über eine Brücke zur Universität, an
einem Kreisverkehr rechts und hinter der 🚌 Bushaltestelle (Linien 26, 29,
251) an der Fußgängerampel links in den **Landschaftspark Bornfloss-
quelle**. Dort führt der Weg zum Bonifatiusbrunnen ⊙, dieser wurde 2004
restauriert und umgestaltet. Die Pflasterung im Boden zeigt den Grundriss
der Krutzenkirche, die hier lange vor unserer Zeit Bonifatiuspilgern ein
Zwischenziel bot. Der Legende nach soll der Leichenzug hier sein

Nachtlager aufgeschlagen haben und wie durch ein Wunder sprudelte an dieser Stelle eine neue Quelle aus dem Boden hervor, die später als Brunnen gefasst wurde.

Folgen Sie dem Weg durch den Park geradeaus bis zur neuen Bahnlinie für die S12, dort gehen Sie zunächst nach rechts, dann links durch die Bahnunterführung. Die Bonifatiusstraße bringt Sie zum Kalbach im gleichnamigen Frankfurter Stadtteil. Am Ortseingang von Frankfurt-**Kalbach** (🚲 BANK ♦) gehen Sie noch vor der Bachbrücke nach rechts, unterqueren die Autobahn A661 und überqueren eine Bahnlinie. Wenn der Weg zu Ende ist, folgen Sie der Straße nach links, sie windet sich durch den Ort und ist später als Wehrstraße benannt. An der 🚌 Bushaltestelle folgen Sie der Homburger Landstraße nach links (🚲 Radpilger nehmen die zweite Straße links, sie heißt Alt-Bonames) und erreichen die Kirche.

Frankfurt-Bonames   🧍 BANK ⛲ ✿ ✕ ☕ ♀ 🚲 🚲 ▱ 60437 ⓘ 069
N50°10.989' E8°39.829' (Kirche)

🛏   **Gasthaus zur Goldenen Gerste**, Homburger Landstraße 641, ☎ 50 12 74,
     💻 www.goldene-gerste.de, ➲ 200 m, ÜF EZ € 70, DZ € 90, zur Messezeit € 90 bzw.
     € 115. ✕ mit griechischen Spezialitäten

♦   **Hotel Gute Nacht**, Homburger Landstraße 785, ☎ 95 09 16-25,
     💻 www.hotel-gute-nacht.de, ✉ info@hotel-gute-nacht.de, ➲ 600 m, 26 Betten,
     Ü EZ € 63-108, DZ € 80-125, Zusatzbett € 15, DBZ € 90-135, VBZ € 100-150, F € 5,
     ruhige Lage in Anliegerstraße. @ ⌂ ⚵ nach Absprache. ☺ ✕ Das Restaurant im
     selben Gebäude gewährt Hotelgästen 10 % Rabatt.

⛺   **City Camp Frankfurt**, An der Sandelmühle 35, 60439 Frankfurt-Heddernheim,
     ☎ 57 03 32, 💻 www.city-camp-frankfurt.de, ✉ info@city-camp-frankfurt.de,
     ➲ 2,8 km (drei Stationen mit der 🚲 U2), 140 Durchgangsplätze, ⛺ Zeltplatz
     15.04. bis 30.09., Ü € 7, Stellplatz Zelt € 4, Dusche € 1,10, @

⌘   **Feuerwehrmuseum** Rhein-Main, Am Burghof 55 (alter Flughafen), ☎ 50 30 01,
     ⛺ So 9:30 bis 12:30 (Achtung Winterpause), zu sehen sind Feuerwehruniformen vom
     Kaiserreich bis heute und natürlich viele Fahrzeuge und Geräte.

✝   **St. Bonifatius**, kath. Kirche mit Kapelle von 1932

♦   **evangelische Pfarrkirche** von 1561

⊙   ♀**Kiosk Harheimer Weg** und ✝ **Pfarrbüro St. Bonifatius**, Oberer Kalbacher Weg 9

🚲   U2

🚌   Linie 27

14. Etappe: Bonames bis Harheim
Ein Katzensprung nach Harheim
⊃ 2,6 km, ↑ 10 m, ↓ 12 m, ⇧ 110-119 m, Karte/HP S. 85

An der Kirche gehen Sie halb rechts weiter bis zu einer T-Kreuzung, hier biegen Sie links in die Straße Alt-Bonames ab und gehen bergauf durch die Homburger Landstraße. Diese verlassen Sie nach rechts und folgen dem Harheimer Weg. Hinter dem ⚲ Kiosk (☉) gehen Sie rechts Richtung Sportplatz. Der Weg beschreibt am Feldrand einen Linksbogen und knickt 50 m vor einer Straße rechts ab. Dieser Streckenabschnitt ist mitunter sehr matschig, in diesem Fall können Sie auch geradeaus bis zur Straße gehen und dieser nach rechts folgen, bis Sie wieder auf den markierten Weg treffen. Sie wandern durch die Felder bis zu einer T-Kreuzung der Feldwege, dort gehen Sie links Richtung Straße.

Die Bonifatius-Route führt nun parallel zur Landstraße nach Harheim, hinter dem Ortseingang erfahren Sie, dass Sie sich auf der Spitzenstraße befinden. An deren Ende biegen Sie rechts in die Korffstraße ab und nehmen die erste Straße links (Am Entenpfad).

Vor dem Eschbach gehen Sie rechts in einen Weg, der anfangs Grundweg, dann Zur Untermühle heißt. Folgen Sie nun links über eine Brücke den Schildern Richtung Bürgerhaus.

Frankfurt-Harheim

✉ 60437 ☎ 06101

N50°11.082' E8°41.588' (Bachbrücke)

🛏 **Hotel Harheimer Hof**, Alt Harheim 11, ☎ 40 50, 💻 www.harheimer-hof.de, ✉ info@harheimer-hof.de, ⊃ 150 m, 87 Betten, ÜF EZ € 55-75, DZ € 79-99, Dreibettzimmer € 99-119 (außerhalb der Messezeiten). Große Sommerterrasse 🛋 ⅋

☕ **Eiscafé Pause**, Alt Harheim 20, 🕐 11:30-22:00, ☉

✝ **Marienkapelle** von 1763 mit Grenzsteingarten, darin sind Grenzsteine der Gemarkung Harheim aus den zurückliegenden Jahrhunderten zu sehen

☉ **Bürgerhaus**, In den Schafgärten 21, ✝ **St. Jacobus**, In den Schafgärten 21, 🛏 **Harheimer Hof**, Alt Harheim 11, ✗ **Zum Goldenen Löwen**, Reginastraße 6, ✗ **Im Abseits**, Reidhalsstraße, ☕ **Eiscafé Pause**, Alt Harheim 20

🚌 Linien 25, 27, 28, 29, 65

15. Etappe: Harheim bis Nieder-Erlenbach

Erlenbacher Stadtweg

➲ *2,8 km,* ↑ *33 m,* ↓ *17 m,* ⇧ *110-136 m, Karte/HP S. 85*

Hinter der Brücke gehen Sie geradeaus und an einem Gedenkstein für Bonifatius links. Sie erreichen das Bürgerhaus und wandern dahinter geradeaus auf der Straße In den Schafgärten weiter. An der nun folgenden Gabelung dürfen Sie leider nicht geradeaus auf dem weichen Grasweg Ihren Weg fortsetzen, sondern müssen links auf Teer unter einer Brücke hindurch und dahinter an einer Bank rechts weitergehen.

Sie gehen immer geradeaus bis kurz vor eine Landstraße, dort gehen Sie rechts und dann links zur Ampelkreuzung. Hier halten Sie sich geradeaus auf dem Erlenbacher Stadtweg, dieser bringt Sie in den Ort hinein. Hinter der Einmündung der Märker Straße nehmen Sie den Fußweg nach rechts. An seinem Ende gehen Sie links und nach 20 m rechts. An der Straßen-T-Kreuzung folgen Sie geradeaus dem kleinen Fußweg. Sie queren die Alte Fahrt und bleiben weiter auf dem Fußweg (Zur Charlottenburg) und gehen an seinem Ende links zur Kirche.

Herrenhaus der Familie Lersner

Frankfurt-Nieder-Erlenbach

🖃 60437 ☽ 06101

N50°12.095' E8°42.677' (Kirche)

🛏 **Landhaus Alte Scheune**, Alt Erlenbach 44, ☎ 54 40 00, 🖳 www.alte-scheune.de, ✉ reservierung@alte-scheune.de, ➲ 150 m, 50 Betten, Ü EZ ab € 70,50, DZ ab € 83, F € 7,50. 🍷✕ mit romantischem Innenhofgarten 🐾

⌘ **von Lersner'sches Schloss** aus dem Jahr 1746, noch bewohnt

⛪ **evangelische Kirche** mit prunkvoller Ausstattung

⊙ 🚌 **Obsthof am Steinberg** am Ortsausgang, 🚌 **Schreibwaren Girke**, Alt Erlenbach 33, 🚌 **Bäckerei Treutel**, Alt Erlenbach 29, **Familie Vömel**, Alt Erlenbach 22

🚌 Linien 25, 27, 29, 65

Bad Vilbel ➲ 2,5 km 🏛➕🏦🚌🎭🏰🍷≈✕🍺🍷🖥🐕🚌🚢

🖃 61118 ☽ 06101

☺ keine Kurtaxe, wie angenehm!

ℹ **Tourist-Info** - Kur- und Bäderverwaltung, Parkstraße 15, ☎ 602-246 und -247, 🖳 www.bad-vilbel.de, 🗓 Mo bis Mi 7:00 bis 15:30, Do 7:00 bis 17:30, Fr 7:00-12:00

🛏 **Hotel Kreilings-Höfchen**, Ritterstraße 3, ☎ 855 16, 🖳 www.hotel-kreiling.de, ✉ hotel.kreiling@t-online.de, ➲ 2,6 km, 26 Betten, ÜF EZ ab € 54, DZ ab € 87, Zustellbett ab € 14, familiär geführtes Hotel in ruhiger Lage mit kl. Bibliothek und großem Garten. @ 🐾 🖥 🛏 🌳 🚌 🖼

♦ **Sprudel Hotel**, Frankfurter Straße 153-157, ☎ 82 71, 🖳 sprudel-hotel.de, ✉ sprudelhotel@aol.com, ➲ 2,8 km, 60 Betten, ÜF EZ € 65-80, DZ 80-95, MBZ ab € 35 p.P., teurer zu Messezeiten. @ 🌳 🐾

♦ **Hotel am Kurpark**, Parkstraße 20, ☎ 60 07 00, 🖳 www.kurpark.de, ✉ info@kurpark.de, ➲ 3,3 km, 110 Betten, ÜF EZ ab € 65, DZ ab € 80, @ 🖥 🌳 🚲 🐾 🖼

⌘ **Wasserburg** mit **Brunnenmuseum**, hier finden im Sommer die Burgfestspiele und im Advent die Weihnachtsmärkte statt

🎭 **Theater Alte Mühle**, ☎ 55 93 11, Schauspiel, Comedy und Musik

≈ **Hallenbad**, Niddastraße 1, ☎ 74 31, 🗓 Di, Mi, Do 10:00 bis 20:00 (Mi 13:00 bis 15:00 nur für Frauen), Fr 8:00 bis 21:00, Sa 8:00 bis 18:00, So 8:00 bis 13:00

♦ **Freibad**, Huizener Straße, ☎ 52 17 30, 🗓 8:00 bis 20:00

🚌 **Bad Vilbeler Markt**: Krammarkt, Viehmarkt und Volksfest, 8 Tage ab dem 3. Sa im Aug

🚆 S6, Regionalbahnen 30, 34, 40

🚌 Linien 62, 63, 64, 65

16. Etappe: Nieder-Erlenbach bis Dortelweil

Am Ufer der Nidda

⮎ 2,7 km, ⬆ 34 m, ⬇ 32 m, ⇑ 123-156 m, Karte/HP S. 85

Hinter der Nieder-Erlenbacher Kirche gehen Sie rechts (Zur Charlottenburg) auf einer Bachbrücke über den Erlenbach und folgen der Straße Am
Steinberg immer geradeaus bis zum Obsthof am Steinberg (☉ ⏳ 🏔 🗐 Mo
bis So 9:00 bis 19:00, Nov bis Ostern Mo bis Fr 11:00 bis 18:00, Sa, So
10:00 bis 18:00, Schoppenwirtschaft Sa, So ab 11:00).

Sie wandern durch die Felder, unterqueren die B3 und gehen geradeaus
nach **Dortelweil** hinein. Dabei gehen Sie zunächst hinter einigen Gärten,
queren eine Straße und setzen Ihren Weg geradeaus durch den Niedererlen-
bacher Weg fort. Queren Sie nun die Friedberger Straße und gehen Sie
links und sofort wieder rechts in die Kreisstraße. Hier erreichen Sie die
katholische Kirche. Folgen Sie nun der Troppauer Straße nach rechts und
auch der nächsten Straße wieder nach rechts. Biegen Sie links in die
Königsberger Straße und unterqueren Sie die Bahnlinie. Dahinter führt der
Weg geradeaus bis zur Nidda, am Ufer links an einem Picknickplatz vorbei zu einer blauen Brücke und weiter an der Nidda entlang.

Hier gehen Sie links und die erste Straße rechts (Untergasse), diese
macht einen Linksbogen hinauf zur evangelischen Kirche im idyllischen
Dortelweil.

Bad Vilbel-Dortelweil　　 61118 ☽ 06101

N50°12.306' E8°45.441' (Kirche)

🛏　**Hotel Lenz**, Oberurseler Straße 12, ☎ 641 80, ▭ www.hotel-lenz.com,
　　✉ hotel_lenz@t-online.de, ⮎ 200 m, Ü EZ ab € 30, DZ € 40-80 (zur Messezeit
　　andere Preise), ✕

◆　**Pension Pauswang**, Kastanienstraße 6, ☎ 72 30, ⮎ 200 m, 8 Betten, ÜF EZ € 25-
　　30, DZ € 50, MBZ € 58, 🚲 🛋 🚫

◆　**Golfhotel Lindenhof**, ☎ 52 45-140, ▭ www.golfhotel-lindenhof.de,
　　✉ info@golfhotel-lindenhof.de, ⮎ 600 m, 38 Betten, ÜF EZ € 90, DZ € 139 (zu
　　Messezeiten teurer), ⛩ 🛋 ✕ @ 🚲

◆　**Hotel Garni Tannenblick**, Eibenstraße 12, ☎ 509 80, ▭ www.tannenblick.net,
　　⮎ 700 m (vor der kath. Kirche links im Gewerbegebiet), 22 Betten, Ü EZ Mo-Fr € 69,

Fr-Mo € 57, DZ Mo-Fr € 89, Fr-Mo € 77, 15 % Rabatt bei Vorlage des Pilgerpasses, Frühstücksbuffet € 4,80, gratis Sauna, Fitnessbereich, Mai bis Sep Biergarten, @ ✆ 🖆 🎋 🔲 per Taxi mit Sonderkonditionen

✕   **La Trattoria**, Bahnhofstraße 38, typisch italienische Trattoria mit sehr herzlichen Inhabern, Lesertipp

⌘   **Holzhausensches Hofgut** aus dem 15. und 18. Jh.

✟   Die **evangelische Pfarrkirche** wurde im 30-jährigen Krieg zerstört und 1699 wiederaufgebaut.

 S6, Regionalbahnen 30, 40

 Linie 64

17. Etappe: Dortelweil bis Klein-Karben

Durch die Niddaaue zum Rosenort Karben
➲ *4 km,* ↑ *17 m,* ↓ *30 m,* ⇧ *110-126 m, Karte/HP S. 95*

Hinter der Kirche wandern Sie immer geradeaus. Am Ende des Weges gehen Sie zu Beginn der Wohnbebauung rechts und danach geradeaus bis zu einem Feld, dort links. Nun gehen Sie rechts zur Brücke und zwischen Sportplatz und Kastanien geradeaus in den Ort hinein. Die Straße entpuppt sich als Dortelweiler Straße. Sie gehen geradeaus (an der Treppe), dann links die Straße hinauf. Ein kleiner Fußweg an der Kirchmauer bringt Sie an Ihr Etappenziel, die evangelische Kirche von Klein-Karben.

Karben-Klein-Karben   🏃 ⚒ ♟ ✕ ⚲ 🚌 ▣ 61184 ① 06039
N50°13.442' E8°46.452' (Kirche)

🛏   **Gaststätte zur Ludwigshöhe**, Rendeler Straße 26, ☏ 35 56, 📱 01 52/29 02 97 96, 🖥 www.zur-ludwigshoehe-karben.de, ✉ ludwigshoehe001@aol.com, ➲ 50 m, 16 Betten, ÜF EZ € 32-36, DZ € 45-60, DBZ € 80. Landgasthof an der Hauptstraße (aber Schallschutzverglasung), ✕ gute regionale Kost, 🐕 🖆 🎋 🔲

✟   **evangelische Kirche** mit Krypta aus dem 12. Jh.

❀   **Rosenhang** bei Klein-Karben, nahe der Büdesheimer Straße, unterhalb vom Friedhofsparkplatz, 🖥 www.rosenhang-karben.de, 🗓 ganzjährig, Infos bei Ralf Berster, ☏ 433 49. Zu sehen sind 750 historische Rosensorten, einige Sorten haben ihren Ursprung im Mittelalter.

⊙   Stempelkasten am **evangelischen Gemeindebüro**

 Linie 26

Karben-Groß-Karben  ⮌ 1 km

📠 61184 🕐 06039

⮌ **Ambiente**, Christinenstr. 38, ☎ 48 49 80, 48 49 82, 🖳 www.ambiente-karben.de,
⮌ 900 m, 40 Betten, ÜF EZ € 55, DZ € 75, Appartement je € 5 extra, @ 🐎 ✕ 🎒
€ 10 🎋 € 8 🕯 eigener Wasserkocher im Zimmer € 2

◆ **Hotel Stadt Karben**, St.-Egréve-Str. 25-27, ☎ 80 10, 🖳 www.hotel-stadt-karben.de,
✉ hotel.stadtkarben@t-online.de, ⮌ 1,5 km, 52 Betten, ÜF EZ ab € 54, DZ ab € 74,
DBZ ab € 84. Anfragen + Buchungen bitte mit dem Stichwort Bonifatius. Sommerterrasse, @ 🚲 🎋

⌘ **Landwirtschafts- und Heimatmuseum**, Degenfeld'sches Schloss, Westliche Ring-
straße 2, ☎ 48 11 53 (Stadt) + 426 70 (Museumsleitung privat), 📅 1. So im Monat
14:00 bis 17:00 und nach Verabredung. Ausstellungsstücke aus den letzten 150 Jahren, vorwiegend aus der Landwirtschaft, aber auch ein uraltes, komplett eingerichte-
tes Klassenzimmer.

🏊 **Hallenfreizeitbad** Karben, Am Breul 1, ☎ 30 30, 📅 Mo, Fr 6:30 bis 22:00, Mi, Do
8:00 bis 20:00, Sa, So 8:00 bis 19:00. Freizeitbad mit Sauna, Mi Frauentag.

🚍 S6, Regionalbahnen 30, 40

🚌 Linie 26

Karben-Kloppenheim ⮌ 1,5 km 🚊 ✕ 🚌 📠 61184 🕐 06039

⮌ **Hotel Panorama Karben**, Robert-Bosch-Straße 66, ☎ 911 33 31,
🖳 hotel-panorama-karben.de, ✉ info@hotel-panorama-karben.de, ⮌ 1,3 km,
24 Betten, ÜF EZ ab € 59, DZ ab € 91, @ 🎋 auf Anfrage

◆ **Zur Rose**, Alte Heerstraße 7, ☎ 35 44, 🖳 www.pizzeria-hotel-karben.de,
✉ info@pizzeria-hotel-karben.de, ⮌ 5 km, 17 Betten, ÜF EZ ab € 50, DZ ab € 80,
🎋 ✕ (bitte vormittags anrufen)

🚍 S6, Regionalbahnen 30, 40 (der Bf heißt zwar Groß-Karben, ist aber näher an Klop-
penheim)

🚌 Linie 26

Karben-Rendel ⮌ 1,2 km 🚊 ♀ ✕ 🚌 📠 61184 🕐 06039

⮌ **Rendeler Hof**, Klein-Karbener-Straße 41, ☎ 35 72, 🖳 www.rendeler-hof.de,
✉ info@rendeler-hof.de, ⮌ 1,5 km, 4 Einzelzimmer mit Etagen-WC, Ü € 25,
F € 5,50. ✕ Kleiner Landgasthof mit großem Gastgarten. 🎋 🚲 🐎

🚌 Linie 26

18. Etappe: Klein-Karben bis Büdesheim

Blick zum Ginnemer Schbaschl

↻ 5,9 km, ↑ 83 m, ↓ 76 m, ⇧ 113-189 m, Karte/HP unten

Der Weg führt durch den Kirchgarten links am evangelischen Gemeinde-haus vorbei in die Straße Am Lindenbaum. Biegen Sie rechts in die Rende-ler Straße und links in die Büdesheimer Straße, auf dieser gehen Sie immer geradeaus zwischen Obstanlagen und Friedhof. Nach Norden haben Sie nun einen 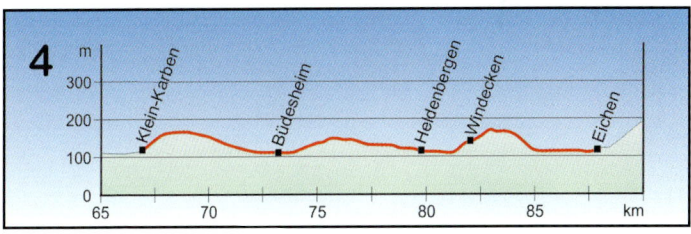 schönen Fernblick in die Wetterau und zum Taunus. Auch am

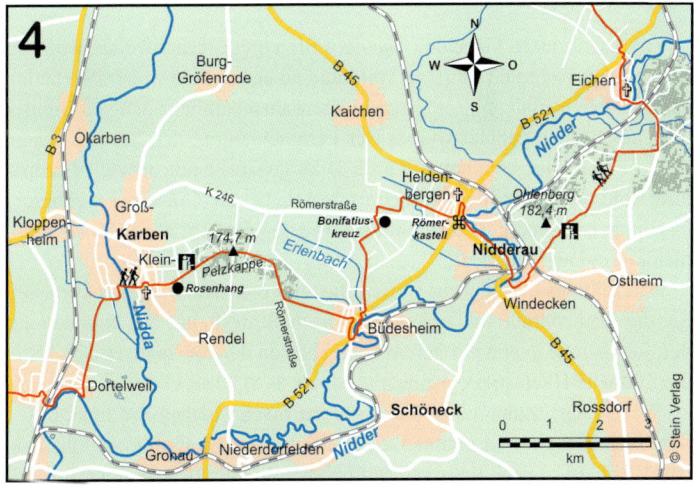

Waldkindergarten geht es weiter geradeaus in den Wald hinein. Linker Hand befindet sich ein Grillplatz mit Schutzhütte. Dies ist der Rettungspunkt FB-26.

Hier gehen Sie in einem langen Rechtsbogen über die Pelzkappe durch den Wald. Wenn rechts ein Schild mit dem Text „Büdesheimer Weg" zu lesen ist, geht es kurz darauf vor einer Bank an einer Aufforstung mit Tannen rechts weiter.

Weg vor Büdesheim

An der nächsten Gabelung wandern Sie erneut rechts weiter, der Weg verlässt den Wald und führt am Waldrand an einem Feld weiter. Sie laufen nun auf der ehemaligen Römerstraße, die wahrscheinlich auch von Bonifatius' Leichenzug genutzt wurde. Der Fernmeldeturm, den Sie nun sehen, steht in Frankfurt-Ginnheim, wurde 1978 gebaut, heißt offiziell Europaturm und wird von den Einheimischen liebevoll Ginnemer Schbaschl (= Ginnheimer Spargel) genannt. Er ist mit 337,5 m der zweithöchste Fernmeldeturm Deutschlands.

Am Ende des Wäldchens treffen Sie auf einen Teerweg, hier verlassen Sie die Römerstraße und gehen links nach **Büdesheim**. Sie kommen auf der Schulstraße in den Ort herein und gehen an der [BANK] Sparkasse rechts in die Südliche Hauptstraße weiter.

Wenn diese Straße einen Rechtsbogen macht, biegen Sie links in die Schlossstraße ein und nehmen auch die nächste Straße links (Johannisberg). Um 10 m nach links versetzt nehmen Sie die Brücke über die Nidder und gehen direkt dahinter links am Ufer weiter. Gehen Sie links über die nächste Brücke. Dahinter führt der Weg rechts durch die Brückgasse ( Radpilger fahren geradeaus bis zur Nördlichen Hauptstraße und folgen dieser nach rechts) und links durch die Minetsgasse. An deren Ende erreichen Sie die Nördliche Hauptstraße. Hier kommen Sie mit einem kleinen ⇔ Abstecher nach links zur Stempelstelle ⊙ von Büdesheim. Der Ort wurde erstmals 817 urkundlich erwähnt, hier umfließt die Nidder einen Felssporn.

An der Büdesheimer Stempelstation

Schöneck-Büdesheim

⊠ 61137 ☾ 06187

N50°13.103' E8°50.123' (Stempelstelle)

Gästehaus Reichelt, Schmiedgasse 6A, ☎ 95 27 26, ➲ am Weg, 4 Betten, Ü EZ ab € 35, DZ ab € 64, kein F, 🔪 im April geschlossen

◆ **Hotel Lauer**, Frankfurter Straße 17, ☎ 950 10, 🖥 www.hotellauer.de, ✍ hotellauer@aol.com, ➲ 2 km, 27 Betten, ÜF EZ € 55, DZ € 75, ruhige Lage, @ kleine 🐴 ⊠ 🛏 🍴 ✕ 🚗 📷

⌘ Altes (etwa 10. Jh.) und Neues (1885) **Schloss** auf der Halbinsel des Niddersporns, uralte Riesenplatanen im Park unterhalb des Alten Schlosses

✝ **evangelische Kirche**, im Jahr 1233 erstmals urkundlich erwähnt

⊙ Stempelkästen: **Nördliche Hauptstraße 28**, **kath. Kirche**, Burghohl

Regionalbahn 34

Linien 24, 31

19. Etappe: Büdesheim bis Heldenbergen

Das Bonifatiuskreuz

5,8 km, ↑ 61 m, ↓ 54 m, ⇧ 116-152 m, Karte/HP S. 95

Folgen Sie der Nördlichen Hauptstraße nach rechts bis zur Ampel und gehen Sie dort links (Burghohl). Hinter der katholischen Kirche ⊙ wird die Straße als Feldweg weitergeführt, später ist er ein Stück weit geteert, dann führt er gepflastert auf einen Hof zu. Vor dem Hof wandern Sie nun rechts durch das Feld und halten links auf ein einzelnes Haus zu.

Sie queren die Kreisstraße K246, die auf der alten Römerstraße verläuft, und setzen Ihren Weg links des Hauses geradeaus fort. Nach etwa 100 m biegen Sie rechts ab. Rechter Hand können Sie nun an der alten Römerstraße zwischen zwei Bäumen das keltisch wirkende Bonifatiuskreuz von 1909 erspähen. Hier soll bei der Überführung von Bonifatius eine Nachtrast eingelegt worden sein.

Bonifatiuskreuz an der K246

Nun geht es nach links auf einem Betonweg weiter und auf einem weiteren Betonweg rechts zu einer Lagerhalle. Hier wird der Weg wohl nach Abschluss der im Herbst 2014 noch laufenden Straßenbauarbeiten über die neue Brücke der B521 und nach Heldenbergen hinein führen. Sie wandern geradeaus auf dem Pfingstbornweg, bis er in die Homburger Straße mündet. Hier gehen Sie praktisch geradeaus weiter und am Ende der Homburger Straße links Richtung Friedberg/Eichen.

Nidderau-Heldenbergen

61130 ⏰ 06187

N50°14.250' E8°51.878' (Adler/Kirche)

🛏 **Hotel Zum Adler**, Windecker Straße 2, ☎ 927-0, 🖥 www.hoteladler-goy.de, ✉ info@hoteladler-goy.de, ➲ am Weg, 24 Betten, ÜF EZ ab € 55, DZ € ab 84, DBZ ab € 107, Zusatzbett € 20. ✗ 🥨 🏠 🚲. Das Restaurant wird von mehreren Lesern gelobt.

♦ **Hotel zum Ritter**, Konrad-Adenauer-Allee 3, ☎ 907 40, 🖥 www.hotel-zum-ritter.com, ✉ info@hotel-zum-ritter.com, ➲ 100 m, 49 Zimmer, ÜF EZ ab € 53, DZ ab € 73, DBZ € 95, VBZ € 120. 🐕 nach vorheriger Absprache 📷

🏠🚶 **Pilgerquartier im Pfadfinderheim**, Anmeldung über das Pfarrbüro, ☎ 90 05 59, ✉ pfarrer@kath-kirche-heldenbergen.de, ➲ am Weg. Die Pfadfinder bieten bis zu 10 Pilgern ihre Matratzen im Gruppenraum an, Schlafsack ist mitzubringen. Einfache Unterkunft mit Dusche, WC und 🏠 Küche. Ü gegen Spende. Pfadfinderleiter und Pfarrer sind sehr hilfsbereit, Letzterer ist selbst Jakobspilger. Dankbare und lobende Leserbriefe

⌘ **Römerkastell**, römische Zivilsiedlung, Gutshöfe und Erdlager

♦ **Oberburg** aus dem 14. und 17. Jh., schlichte hufeisenförmige Anlage

✝ **ev. Kirche Heldenbergen**, 🖥 www.kirche-in-nidderau.de

♦ **kath. Kirche Heldenbergen**, 🖥 www.kath-kirche-heldenbergen.de

⊙ ✝ **kath. Pfarramt**, Pfarrgasse 27, Stempelkasten am Tor der **kath. Kirche**

🏊 **Freizeitbad Nidderau**, Konrad-Adenauer-Allee, ☎ 90 96 90, ✉ schwimmbad@nidderau.de, 🏳 Freibad 15. Mai bis 15. Sep Mo, Mi, Fr 8:30 bis 20:00, Di, Do 7:00 bis 20:00, Sa, So 8:30 bis 19:00, Hallenbad 15. Sep bis 15. Mai Di 7:00 bis 18:00, Mi bis Fr 7:00 bis 20:30, Sa 8:00 bis 17:30, So 8:00 bis 13:00, Sauna in der Freibadzeit Di bis Fr 16:00 bis 20:00 (Do Damensauna), Sa, So 16:00 bis 19:00, in der Hallenbadzeit Di bis Fr 10:00 bis 20:30 (Do Damensauna), Sa 9:00 bis 17:30, So 9:00 bis 13:00. Vital-Landschaft mit Sauna und Dampfbad, Hallen- und Freibad 🛏

🚆 Bf Nidderau: Regionalbahnen 33, 34

🚌 Linie 46, 562, 5150, 5902

20. Etappe: Heldenbergen bis Windecken

Hier heißt es Nidder - nicht Nidda

➲ 2,3 km, ↑ 18 m, ↓ 22 m, ⇧ 116-128 m, Karte/HP S. 95

Hinter Kirche und Hotel biegen Sie rechts ab Richtung Bahnhof, nach 70 m gehen Sie rechts in die Bahnhofstraße und an der Gabelung geradeaus in die Mühlstraße. Sie wird als Uferweg parallel zur Nidder durch die Nidderwiesen geführt.

Nidder/Nidda

Ganz schön verwirrend: Die 89,7 km lange Nidda entspringt im Vogelsberg und mündet in Frankfurt in den Main. Nidder ist keine sprachliche Variante von Nidda, sondern ein linker Nebenfluss der Nidda, der ebenfalls im Vogelsberg entspringt und auf 68,6 km parallel zur Nidda fließt, bevor er in Bad Vilbel-Gronau in die Nidda mündet.

Nun passieren Sie das Freibad und gehen nach einem weiten Rechtsbogen hinter der Eisenbahnbrücke rechts. Sie erreichen einen Parkplatz, auf dem Sie die Venus des Planetenweges Nidderau entdecken. Vor dem Bahnhof gehen Sie links zur Kirche.

Nidderau-Windecken

🖂 61130 ☎ 06187

N50°13.374' E8°52.804' (Landgasthof)

🛏 **Landgasthof Carolus**, Friedrich-Ebert-Straße 6, ☎ 220 11,
 💻 www.landgasthof-carolus.de, ✉ info@landgasthof-carolus.de, ➲ am Weg,
 11 Betten, ÜF EZ € 45, DZ € 70, 🐕 € 10. F ab 5:30! Gemütliches altes Haus aus
 dem Jahr 1611, @ ⊼ ✗ mit tschechischen Speisen

⌘ **Städtisches Museum im Hospital**, Hospitalstraße 1, ☎ 275 97, 🗓 1. So im Monat,
 Pfingsten und während des Windecker Herbstmarktes 14:00 bis 18:00, sonst nach
 Vereinbarung. Exponate aus römischer und fränkischer Zeit, aus Mittelalter, früher
 Neuzeit und 19./20. Jh.

☦ **evangelische Kirche**, ☎ 37 75

⊙ 📻 **Eiscafé Buon Gusto** am Markt, Stempelkasten am **Alten Rathaus**, Marktplatz 1
 (leider im Herbst 2014 nach Diebstahl leer, hoffentlich wird ein neuer Stempel eingelegt)

Bf Windecken: Regionalbahn 34, Bf Nidderau: Regionalbahnen 33, 34
Linien 562, 5150, 5902

Windecken

21. Etappe: Windecken bis Engelthal
Spessartblick am Ohlenberg

➲ 10,5 km, ⬆ 215 m, ⬇ 181 m, ⇧ 117-212 m, Karte/HP S. 102/103

Gehen Sie nun links auf den Marktplatz und an einer Gabelung halb links in die Eicher Straße, sie führt auf einer Brücke über die Bahnlinie aus dem Ort heraus. Sie befinden sich nun auf einem Teerweg im Schatten von Obstbäumen. An einer Gabelung mit zwei Birken und einer Bank gehen Sie geradeaus bis zum Hochbehälter Ohlenberg. Hier hängt auch ein ⊙ Stempelkasten, er war leider im Herbst 2014 ebenfalls geplündert. Aus 182 m Höhe versorgt er Windecken und Ostheim mit Trinkwasser. Hier haben Sie einen freien 🎦 Ausblick nach Frankfurt und zum Spessart hinüber.

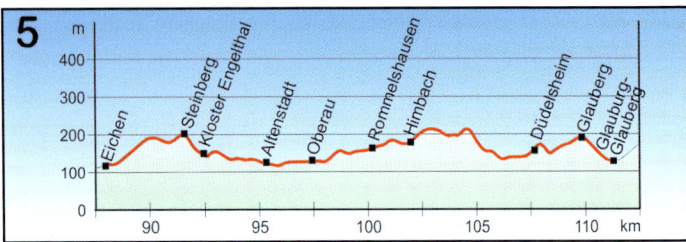

Rechts des einladenden Picknickplatzes wandern Sie weiter geradeaus und lassen das kleine Wäldchen links liegen. Nach etwa 200 m gehen Sie rechts auf einem Teerweg weiter, kreuzen eine Straße und halten sich vor dem Wanderparkplatz links auf einem schmalen Weg parallel zur Straße nach Eichen bis zur Einfahrt zum Eicher Bahnhof. Hier folgen Sie der Niddertalstraße nach links und biegen rechts in die Kleine Gasse ein. Durch das Untertor erreichen Sie die evangelische Kirche von Eichen.

Nidderau-Eichen    61130 ⏲ 06187

N50°15.411' E8°54.569' (Kirche)

⌘   **Schulhaus von 1846** in klassizistischem Baustil

⊙   **evangelisches Gemeindehaus**, Kleine Gasse 13

🚆   Regionalbahn 34

🚌   Linie 562

Hinter der Kirche gehen Sie weiter geradeaus durch die Kleine Gasse mit ihren vielen hübschen Fachwerkhäusern. Auch wenn Sie die Hoechster Straße erreichen, wandern Sie weiter geradeaus. An deren Ende gehen Sie rechts in die Hochstraße und dort durch die rot-weiße Schranke links auf einen Feldweg.

Sie queren eine Straße um etwa 20 m nach links versetzt und folgen kurz darauf dem Feldweg durch die Wiesen nach rechts bergauf. Er macht bald einen Linksbogen und führt auf ein Waldstück zu. Folgen Sie dem Teerweg bis zum Wald, dort am ✿ Rettungspunkt MKK-909 gehen Sie links und hinter der Schutzhütte an der Schranke vorbei auf einem schmalen Pfad in den Wald hinein. Die Route führt später auf einem breiteren Waldweg geradeaus weiter und macht an einem Baum mit der Markierung

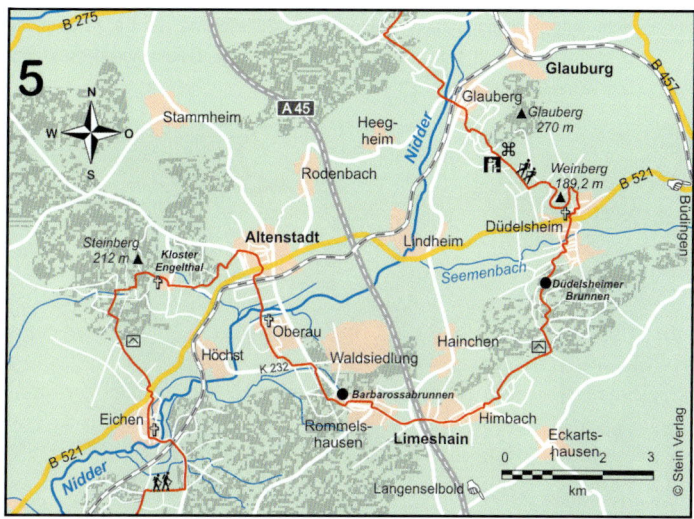

„Niddertal 118" einen Linksbogen. Nehmen Sie den ersten Waldweg rechts, gehen Sie dann am Hochsitz geradeaus und dahinter den ersten Weg wieder rechts. Sie kommen nun durch einen hellen Wald, in dem sich im Sommer viele Schmetterlinge ihres Lebens erfreuen.

An der folgenden T-Kreuzung biegen Sie links ab und verlassen den Wald. Zwischen den Pferdeställen und Koppeln eines Reiterhofs wandern Sie zum Kloster Engelthal.

Altenstadt-Engelthal

63674 ⌚ 06047

N50°16.949' E8°54.912' (Klosterpforte)

Gästehaus der Benediktinerinnenabtei Kloster Engelthal, Klosterstraße 2, ☎ 963 63 05 (Mo bis Sa 9:30 bis 11:45), 💻 www.abtei-kloster-engelthal.de, 📧 gaestehaus@abtei-kloster-engelthal.de, ➲ am Weg, 30 Betten, ÜF EZ € 36,50 (€ 47,50 bei nur einer Nacht), DZ € 62 (€ 74). Mindestübernachtung: 2 Nächte. Bonifatius-Pilger mit Pilgerpass, die eine Übernachtungsmöglichkeit in einem spirituell geprägten Haus suchen, werden auch für nur eine Nacht aufgenommen, müssen sich aber spätestens am Vortag anmelden. Pilgerzimmer mit Waschbecken, Etagendusche und -toilette ÜF € EZ 28, DZ € 50. Gruppen können nicht für eine Nacht buchen. Stehen Sie als Einzelpilger einfach vor der Tür, können Sie in der Regel nicht aufgenommen werden. Während der Gottesdienste ist die Klosterpforte geschlossen, Ankunft daher bis 17:15. Ruhige Waldlage, Garten, Abendessen möglich, kleine Gästebibliothek, 🛏 🍴

Kloster Engelthal

✝ **Kloster Engelthal**: In diesem Benediktinerinnenkloster wird nach der gleichen Ordensregel gelebt, wie sie auch Bonifatius befolgte. Es wurde 1268 als Zisterzienserinnenabtei gegründet. Nach Zerstörungen im 30-jährigen Krieg erfolgte von 1666 bis 1750 der Wiederaufbau, die Benediktinerinnen leben dort seit 1962.

⊙ ✝ Stempelkasten an der Klosterpforte von **Kloster Engelthal**

🏛 **Klosterbuchladen** ◪ Mi, Fr, Sa 9:30 bis 12:00, Di, Mi, Fr 15:00 bis 17:00, Do 13:00 bis 19:00, Sa, So 13:00 bis 16:00

22. Etappe: Engelthal bis Altenstadt

Über die Kuppe nach Altenstadt

⮑ *3,2 km,* ↑ *33 m,* ↓ *61 m,* ⇧ *130-165 m, Karte/HP S. 102/103*

Vor dem Trafohäuschen folgen Sie der Straße nach links und bergab bis zum Waldrand. Vorsicht vor schnell fahrenden Autos!

Folgen Sie dem ersten Weg (gemeint ist der Wanderweg, nicht der Reit-weg) hinter dem Waldrand nach links in den Wald hinein und gehen Sie nach 10 m rechts steil bergauf. Der Weg macht einen Linksbogen und knickt hinter zwei Findlingen rechts ab.

Am Ende des Waldes gehen Sie links am Waldrand entlang, der Wald-weg endet an einem geteerten Feldweg, diesem folgen Sie rechts nach Altenstadt hinab. Dazu gehen Sie an einer Weggabelung links, queren eine Straße und gehen die Obergasse hinauf, hinter dem Restaurant rechts. Fol-gen Sie dieser Straße, im weiteren Verlauf verrät Ihnen ein Straßenschild, dass es sich immer noch um die Obergasse handelt.

Sie passieren die Stempelstelle ⊙ an der Informationstafel und gehen immer geradeaus bis zu einem Brunnen. Hier biegen Sie links in die Hin-tergasse, die Sie aber schon an der nächsten Kreuzung wieder verlassen, um rechts in die Kirchgasse einzubiegen. Biegen Sie ein zweites Mal nach rechts ab und folgen Sie der Borngasse bis zur Straße Zum Bachstaden. Dieser folgen Sie nach links bis zur Mönchgasse, auf der Sie nach rechts weiterlaufen. Am Ende der Mönchgasse biegen Sie links ab und erreichen die Vogelsberger Straße.

Altenstadt  63674 ① 06047

N50°17.116' E8°56.518' (Kirche)

ℹ **Altenstadt, Bürgerbüro**, Frankfurter Straße 11, ☎ 80 00-81, 🖳 www.altenstadt.de, ✍ info@altenstadt.de, 🗋 Mo 7:30 bis 18:30, Di, Do 7:30 bis 15:30, Mi, Fr 7:30 bis 12:00

🛏 **Altenstädter Mönchhof**, Mönchgasse 5, ☎ 963 50, 🖳 www.altenstaedter-moenchhof.de, ✍ moenchhof@online.de und info@altenstaedter-moenchhof.de, ➲ am Weg, 22 Betten, ÜF EZ € 57, DZ € 84, in einer liebevoll restaurierten Fachwerk-Hofreite aus dem Jahr 1660, reichhaltiges Frühstück, @ 🐎 ♻ 🏠

♦ **Casa Florales**, Borngasse 20, ☎ 64 48, 📱 01 51 /10 73 53 94, 🖳 www.casaflorales.de, ✍ info@casaflorales.de, ➲ am Weg, 5 Betten, ÜF EZ ab € 30, DZ ab € 50, 🏠 ⛩ ♻

⚓ **Golfplatz Altenstadt**, Oppelshäuser Weg 5, ☎ 98 80 88, 🖳 www.golfplatz-altenstadt.de. Übungsbälle für € 2, Schnupperkurs für € 29

⛪ **evangelische Pfarrkirche** mit Turm aus dem 15. Jh.

♦ **kath. Kirche St. Andreas**

⊙   **Gemeindeamt,** Frankfurter Straße 11, und Stempelkasten in der **Obergasse**

🚆   Regionalbahn 34

🚌   Linien 4, 41, 42, 45, 71, 563

23. Etappe: Altenstadt bis Rommelhausen
Am Limes

⟳ *4,8 km,* ↑ *67 m,* ↓ *46 m,* ⇧ *119-164 m, Karte/HP S. 102/103*

Gehen Sie nun halb links in die Frankfurter Straße (links die Wiesenstraße bringt Sie zum Bahnhof) und folgen Sie links der Straße Zum Niddersteg. Sie queren nun die Bahngleise und gehen auf einem Feldweg Richtung Oberau.

De Nidder überqueren Sie auf einer Holzbrücke, dann gehen Sie weiter geradeaus hinauf nach **Oberau** ⚲ ✕. Biegen Sie links ab zur Kirche, dort finden Sie eine frei zugängliche Stempelstation ⊙.

🚌   Linien 42, 563

🚗   City Car, ☎ 66 19

Kehren Sie zur T-Kreuzung zurück und gehen Sie dann an der Infotafel zur Regionalpark-Route Limes in der Kochgasse weiter. Sie passieren den römischen Obstgarten und wandern parallel zum Ort durch die Felder. Am Ortsende gehen Sie auf einem Plattenweg nach links, danach auf einem Schotterweg nach rechts. Geradeaus führt der Weg zur Waldsiedlung.

Altenstadt-Waldsiedlung   ⟳ 1 km ⚲ 🚉 ✕ 🍺 🚌

☑ 63674 ① 06047

🛏   **Hotel Am Limes**, Philipp-Reis-Straße 5a, ☎ 98 51 63, 📱 01 60/447 15 78,
💻 www.hotel-altenstadt.de, ✉ info@altenstadt.de, ⟳ 1,2 km, 36 Betten,
Ü EZ ab € 40, DZ ab € 60, DBZ ab € 77, VBZ € 90, F € 5. @ 🐴 auf Anfrage

🚌   Linien 42, 563

🚗   Hanna Woick, ☎ 60 06 und 16 11

Folgen Sie links dem Fuß- und Radweg parallel zur K232 und queren Sie die Straße am ✯ Rettungspunkt (Forstamt Nidda 48). Hier folgen Sie rechts der Straße Richtung Langenselbold.

Römer an der K232

Der Limes

Die Römer planten schon vor dem Zeitenwechsel die Eroberung Germaniens. Dazu drangen sie im Jahr 11 v. Chr. in germanisches Gebiet ein und besetzten die Wetterau. Ihr Territorium grenzten sie durch einen Grenzwall ab, der mit Holzzäunen, Beobachtungstürmen und Kastellen gesichert war. Dieser Grenzwall heißt Limes und ist Namensgeber für die Gemeinde Limeshain. Im heutigen Altenstadt waren vor 2.000 Jahren etwa 500 römische Legionäre stationiert, die den Limes bewachten.

Hinter dem Schild zur Deutschen Limes-Straße gehen Sie rechts in den Wald, der Deutsche Limes-Rundwanderweg wird hier parallel geführt. Folgen Sie dem breiten Forstweg nach links. Kurz vor Ende eines Steigungsstückes gehen Sie an einer braunen Bank wieder links. Hinter Gärten führt der Weg weiter. Links an einem hellblauen Gartentor entdecken Sie eine Stempelstelle ☉, dahinter biegen Sie links in die Waldstraße. Nun gehen Sie hinter der Fußgängerampel rechts die Straße hoch bis zur Kirche von Rommelshausen, das bereits 930 als Ruomothusen und 1062 als Ruomondeshusen urkundlich erwähnt wurde.

Limeshain-Rommelhausen

🖃 63694 ⏱ 06047

N50°15.731' E8°57.935' (Barbarossabrunnen)

🛈 🖳 www.limeshain.de

🛏 **Blaues Haus Rommelhausen**, Zimmervermietung Familie Kockrick, Limesstr. 17, ☏ 95 18 79, 📱 01 72/280 02 84, 🖳 www.blaues-haus-rommelhausen.de, 📧 stine@kockrick.de, ➲ am Weg (am blauen Stempelkasten), 2-3 Betten, DZ ab € 35, 🐕 🕭 🏕 🎒 🚗 🚲

⌘ **Barbarossabrunnen**, König Barbarossa soll während einer Jagd aus diesem Brunnen getrunken haben

✝ **evangelische Kirche**, Saalbau aus dem 18. Jh.

⊙ Stempelkasten an Privatgrundstück am Wald (gehört zum 🛏 **Blauen Haus**)

🚌 Linien 42, 563

24. Etappe: Rommelhausen bis Düdelsheim

Wandern durch Streuobstwiesen

➲ *7,5 km, ↑ 99 m, ↓ 128 m, ⇧ 124-235 m, Karte/HP S. 102/103*

Gehen Sie rechts auf der Schulstraße bis zum Dorfgemeinschaftshaus, dort links in die Himbacher Straße. Auf einem Rad- und Fußweg verlassen Sie Rommelshausen, passieren den ✳ Rettungspunkt 50 und erreichen bald eine Ampelkreuzung, hinter der es geradeaus nach Himbach geht. Der Weg macht einen leichten Linksbogen und überquert auf einer Brücke die Autobahn A45.

Nach **Himbach** ✕ 🍷 🚉 🚌 (Linien 42, 43, 593) kommen Sie auf der Taunusstraße herein, sie wird zur Ronneburgstraße und führt in einer leichten Linkskurve am ehemaligen Rathaus vorbei. Das Örtchen wurde 1057 von Heinrich IV. erstmals urkundlich erwähnt und hat ein wunderschönes historisches Rathaus mit einem niedlichen Uhrenturm. Gegenüber von Hausnummer 37 wandern Sie links bergauf und hinter den Häusern rechts weiter bergauf, der Weg wird zwischen Häusern rechts und Weiden links hindurchgeführt. Bald schon endet die Wohnbebauung und Sie gehen an einer T-Kreuzung links bergauf. Hier sind rechts des Weges die Kirschbäume während der Blüte im Frühling und während der Reife im Sommer ein schöner Anblick.

Der Weg macht einen Rechtsbogen und führt auf der Höhe weiter. Rechter Hand im Tal liegt das Örtchen Eckartshausen. Am Ende des Feldes biegen Sie links in den Wald ab und gehen an der Schutzhütte geradeaus. Nehmen Sie den ersten größeren Weg nach rechts und gehen Sie dann an einer Sitzbank links, der Weg führt hier durch hohen Mischwald. Nachdem Sie eine Weile bergab gegangen sind, kommen Sie an eine Gabelung. Dort gehen Sie links steil bergab und dann rechts. Sie stoßen auf einen idyllischen Ruheplatz am Dilsemer Brünnche, so lautet die Bezeichnung der Einheimischen für den Düdelsheimer Brunnen.

Dahinter gehen Sie an einer Gabelung links und erreichen eine Bank und eine Infotafel, auf der der Weg durch Düdelsheim beschrieben ist. Gehen Sie an der Infotafel geradeaus und dann rechts ins Dorf hinein. Folgen Sie nun dem Kaiserweg nach links, dann dem Schotterweg nach rechts, bis ein Fußweg nach links zu einer Brücke über den Seemenbach führt. Sie gehen auf dem Kirchweg geradeaus, queren die Hauptstraße an einer Fußgängerampel und gehen geradeaus durch die Straße An der Kirche bis zum Etappenende an der Kirche von Düdelsheim. Hier wurde früher viel Wein angebaut.

Pilger in Düdelsheim

Büdingen-Düdelsheim   🏃 [BANK] 💉 🖙⚒ 🚌 ⌑ 63654 ① 06041

N50°17.647' E9°01.767' (Kirche)

🛏 **Apfelstübchen**, Familie Borst, Bei der Kirche 6, ☎ 41 11,
🖥 www.apfelstuebchen.de, ✍ fam.borst@gmx.de oder
info@apfelstuebchen.de, ⤷ am Weg, 5 Betten, Etagenbad, Fachwerkhof, ⌂ Teeküche, ☺ von mehreren Lesern gelobt, ⊙

♦ **FeWo Glaubergblick**, Hauptstraße 77, ☎ 68 24, 🖥 www.glaubergblick.de,
✍ information@glaubergblick.de, ⤷ 200 m, 3 Betten, 2 Pers. € 40, 3 Pers. € 50,
ab 2. Nacht € 25 bzw 35, FeWo mit herrlichem Blick auf den Glauberg mit Garten und
Leihfahrrädern, 🛁 ⌂ 🚲

⊙ **im Rathaus**, Im Einzel 12, und am 🛏 **Apfelstübchen** (Hausnummer 6 gegenüber
der Kirche)

✝ evangelische Kirche **St. Laurentius**

⚒ August: Dilsemer Määrt = Düdelsheimer Markt - Jahrmarkt mit Feuerwerk

🚌 Linien 41, 42, 43, 71, 94

Büdingen   ⤷ 6 km 🏃 ⊞ [BANK] ⚒ 🆒 💉 ✕ 🖙 ☕ 🍷 🐷 🚌
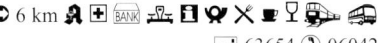

⌑ 63654 ① 06042

ℹ **Büdinger Tourismus und Marketing GmbH**, Marktplatz 9, ☎ 963 70,
🖥 www.buedingen-touristik.de, ✍ info@buedingen-touristik.de, 🕐 Mo bis Fr 10:00
bis 17:00, Sa, So 13:00 bis 16:00

🛏 **Hotel Saline**, An der Saline 9, ☎ 979 10 55, 🖥 www.hotel-saline.de,
✍ info@hotel-saline.de ⤷ 6 km, 20 Betten, ÜF EZ ab € 68, DZ ab € 98

🏠 Die **Jugendherberge** in Büdingen, Richard-Schirrmann-Weg 1, ☎ 36 97,
🖥 www.djh-hessen.de/jh/buedingen, ✍ buedingen@djh-hessen.de, ⤷ 7,5 km,
136 Betten, ÜF EZ € 27,50, MBZ ab € 21,50 p.P., sonntags Aufnahme nur von 10:00
bis 11:45, nur mit Jugendherbergsausweis, @, Tageszeitung, ⌂ 🎋 🛁 🚗 📷

⌘ **Schlossmuseum** Büdingen, ☎ 964 70, 🖥 www.schloss-buedingen.de, 🕐 jederzeit
nach Vereinbarung. Hier können Sie sich über das Adelsgeschlecht der Ysenburger
und über die Geschichte des Schlosses Büdingen informieren.

♦ **Heuson-Museum**, Rathausgasse 6, ☎ 95 00 32,
🖥 www.geschichtsverein-buedingen.de, 🕐 Di bis Fr, So, Fei 10:00 bis 12:00, Mi, Sa
15:00 bis 17:00. Ausstellungsstücke aus der Stadt- und Regionalgeschichte mit
Schwerpunkt im Mittelalter.

♦ **50er-Jahre-Museum**, Auf dem Damm 3, am Marktplatz, ☎ 95 00 49,
🖥 www.50er-jahre-museum.de, 🕐 Mai bis Okt Di bis Sa 14:00 bis 17:00,

So, Fei 10:00 bis 17:00, Nov bis Apr Di bis Sa 15:00 bis 17:00, So, Fei 12:00 bis 17:00. Liebevoll gesammelte Musikboxen, Haushaltsgeräte, Möbel, Petticoats, Mopeds und lebensgroße HB-Männchen aus der Zeit des Wirtschaftswunders.

◆ **Sandrosenmuseum**, Jerusalemer Tor, ⬗ Fr, Sa, So, Fei 14:00 bis 17:00. Nicht nur in der Sahara, auch in der Wetterau lassen sich Sandrosen finden. Hier sind die schönsten Exemplare ausgestellt.

⊛ **Der Garten Kölsch**, neben dem Altstadtparkplatz, öffentlicher Staudengarten im ehemals privaten Garten der 1985 verstorbenen Gartenliebhaberin Edith Kölsch mit einer Vielzahl von Staudenpflanzen

⇌ **Freibad**, ⬗ Mai, Jun, Sep 7:00 bis 19:00, Jul, Aug 7:00 bis 20:00

◆ **Hallenbad Büdinger Badewelt**, In der Langgewann 1, ☎ 740 16 80, ⬗ Mo 14:00 bis 16:00 (nur Frauen), Di bis Fr 16:00 bis 21:00, Sa, So 10:00 bis 18:00, Fei 9:00 bis 13:00

🜲 Zehn verschiedene Erlebnisführungen z. B. zur Kneipptradition, zu den Hexenprozessen, mit dem Nachtwächter von TheodoBo, buchbar über die ❶ oder bei 🖳 www.theodobo.de

🦌 **Wildpark** mit Walderlebnispfad, ☎ 88 41 19

🚌 Linien 22, 23, 24, 41, 42, 43, 71, 91, 94, 610

25. Etappe: Düdelsheim bis Glauburg

Die Keltenwelt am Glauberg

➲ *5,6 km,* ↑ *123 m,* ↓ *120 m,* ⇧ *125-213 m, Karte/HP S. 102/103*

Der Weg aus Düdelsheim heraus ist nicht so gut markiert, wie Sie es bislang gewöhnt waren, aber es wird bald wieder besser. Auf der rechten Seite der Düdelsheimer Kirche gehen Sie rechts (Am Weinberg). Dem Verlauf der kleinen Gasse mit Fachwerkhäusern folgen Sie nach links und nach rechts. Wo der Finkenweg nach links geht, bleiben Sie rechts weiter auf der Straße Am Weinberg. An deren Ende gehen Sie links und nach 20 m geradeaus in den Stockheimer Weg. Sie wandern nun in einem gehobenen Wohnviertel bergauf.

Nehmen Sie den Teerweg nach links Richtung Zu den Steinern und folgen Sie ihm bis zu einer Gabelung. Hier halten Sie sich links und wandern im Bogen zu einem mit dem großen Bonifatius-Zeichen markierten Aussichtsturm mit Ausblick hinüber zum Glauberg. Dieser Turm steht auf einem Plateau, das wohl zur keltischen Zeit als Kultplatz angelegt wurde. Heute ist es wegen seiner Basaltfelsen und der in dem Wäldchen lebenden seltenen Vogelarten sowohl Naturdenkmal als auch Vogelschutzgebiet.

Dahinter gehen Sie am Wegstein rechts bergab. Der schmale Grasweg verläuft um eine Streuobstwiese herum. Hinter einer Baumreihe führt er links an einem weiteren Feldrand bergab. Noch einmal biegen Sie links ab, dann endet der Grasweg hinter einem Bächlein an einem Betonweg. Diesem folgen Sie nach rechts. An den nächsten beiden Abzweigungen nehmen Sie jeweils den linken Betonweg. Nach 200 m gehen Sie rechts und halten genau auf das Infozentrum zu. An der nächsten Gabelung laufen Sie rechts auf dem Schotterweg weiter und passieren den Zugang zum Museum Keltenwelt am Glauberg.

Sie erreichen nun den Keltenhügel, er ist Teil der neuen Keltenwelt am Glauberg. Der Glauberg kann auf eine lange Besiedelungsgeschichte zurückblicken. Grabungen brachten hier Funde von der Jungsteinzeit bis ins Mittelalter zum Vorschein; es ergaben sich Erkenntnisse über einen keltischen Fürstensitz, einen fränkischen Adelssitz und eine mittelalterliche Reichsburg. 1994 machten Archäologen einen sensationellen Fund: gut erhaltene keltische Fürstengräber mit der unversehrten Sandsteinstele eines Keltenfürsten. Im Archäologischen Park Glauberg wurde der Grabhügel eines keltischen Fürsten aus dem 5 Jh. v. Chr. rekonstruiert, dazu ein riesiges Kalendarium und Teile einer ursprünglich 350 m langen Prozessionsstraße. Der 2 km lange Rundweg durch den archäologischen Park auf dem Plateau, mit mittelalterlichen Häusern, Burg, Brunnen, Toranlage, Hof, Weinbergen und der Panoramaplattform, rundet den Besuch ab.

⌘   **Keltenwelt am Glauberg**, ☎ 82 33 00,   💻 www.keltenwelt-glauberg.de, ✉ anfragen@keltenwelt-glauberg.de, 🎫 Di bis So 10:00 bis 18:00, öffentliche Führungen März bis Okt tägl. 13:00, im Winter So 13:00, ☉ ✈. Der auffällige und preisgekrönte Museumsbau markiert eine der bedeutendsten Fundstellen keltischer Siedlungsgeschichte. Bereits aus dem 5. vorchristlichen Jahrhundert wurden Siedlungsspuren entdeckt, erst im 13. Jh. endet die Besiedlungsgeschichte auf dem Glauberg. Die noch nicht erforschten Überreste werden noch einige Generationen von Archäologen beschäftigen. Doch schon jetzt sind im Museum zahlreiche sehenswerte Fundstücke ausgestellt, allen voran eine lebensgroße Statue aus Sandstein, die einen Kelten zeigt.

Keltisches Hügelgrab und Pfahlkalender

🚲 Radpilger lassen sich nun entspannt die Museumszufahrt hinabrollen.

🚶 Überqueren Sie den Parkplatz nach halb links und folgen Sie dem Schotterweg mit dem Wegweiser zum Naturfreundehaus. Sie gehen nun zwischen großen Felsbrocken auf der rechten Seite und einer eingezäunten Obstbaumwiese mit Blick ins Tal. Am Ende des Zaunes biegen Sie nach links ab und gehen bergab bis zu einem alten Apfelbaum mit Bank.

Dort setzen Sie Ihren Weg geradeaus fort, der fruchtbare Boden klebt zu fast jeder Jahreszeit unangenehm unter den Wanderstiefeln. Sie werden in einem Linksbogen auf die Zufahrtsstraße zum Museum geführt, 3 m davor folgen Sie rechts dem geteerten Fußweg neben der Straße bis zum Ortseingangsschild und halten sich dort rechts.

Sie folgen dem Düdelsheimer Weg hinab in den Ort hinein, gehen an der Fußgängerampel geradeaus und erreichen in der Heegheimer Straße den Bahnhof Glauburg.

Glauburg-Glauberg

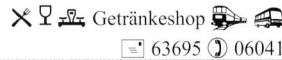 Getränkeshop

63695 ① 06041

N50°18.821' E8°59.772' (Bahnhof)

Gemeindeverwaltung Glauburg, Bahnhofstraße 34, ☎ 82 68-0,
🖥 www.glauburg.de, ✉ rathaus@gemeinde-glauburg.de

Landgasthof Glauberg, Heegheimer Straße 14, ☎ 960 51 44,
🖥 www.landgasthofglauberg.de, ✉ info@landgasthofglauberg.de, ➲ am Weg,
6 Betten, ÜF EZ € 60, DZ € 80. ✗ mit Biergarten und erlesenen int. Spezialitäten
🍴 Mi bis Sa ab 17:00, So, Fei ab 11:00. 🐎 auf Anfrage

Ich habe gehört, der Stall der gegenüberliegenden Mühle soll bald zu Mönchszellen
ausgebaut werden, damit Pilger auf der Bonifatius-Route auch das entsprechende
Pilgergefühl bekommen können.

◆ **Naturfreundehaus Glauberg**, Selbstversorgerhaus mit 11 Betten, ➲ 250 m,
🍴 Apr bis Okt, nur für Gruppen buchbar über Hausreferent Malik Eberhardt,
📱 01 51/50 54 00 56, ✉ nfh-glauberg@gmx.de, Ü € 9,50 (Bettwäsche, Handtücher und Toilettenpapier sind mitzubringen) 🛏

✝ **evangelische Kirche** mit Tor aus dem 12. Jh., die Tür im Seiteneingang ist offen,
klemmt aber etwas

🏃 Die Kirche in Glauberg war Nachtrastplatz und Proviantversorgungsstelle für den
Trauerzug des hl. Bonifatius.

⊙ **Keltenwelt** am Glauberg, 🛈 Museumskasse

� Regionalbahn 34

🚌 Linien 41, 45, 94

---

26. Etappe: Glauburg bis Eckardsborn
Auf der Nidderstraße

➲ 11 km, ↑ 286 m, ↓ 154 m, ⇧ 125-274 m, Karte/HP rechts

Am Glauburger Bahnhof gehen Sie geradeaus über zwei Brücken über die
Nidder und über den Mühlgraben Glauberg. Dahinter gehen Sie am Rettungspunkt 56 an einer alten Mühle rechts. Hinter der Mühle nehmen Sie
den ersten Wirtschaftsweg nach rechts und den nächsten Weg nach links.
Knapp 1 km führt der Weg nun geradeaus bergauf zwischen den Feldern
hindurch und an einer Kreuzung mit Rastbank vorbei. Wenn der Teerweg
nach rechts abschwenkt, folgen Sie dem geradeaus führenden Grasweg

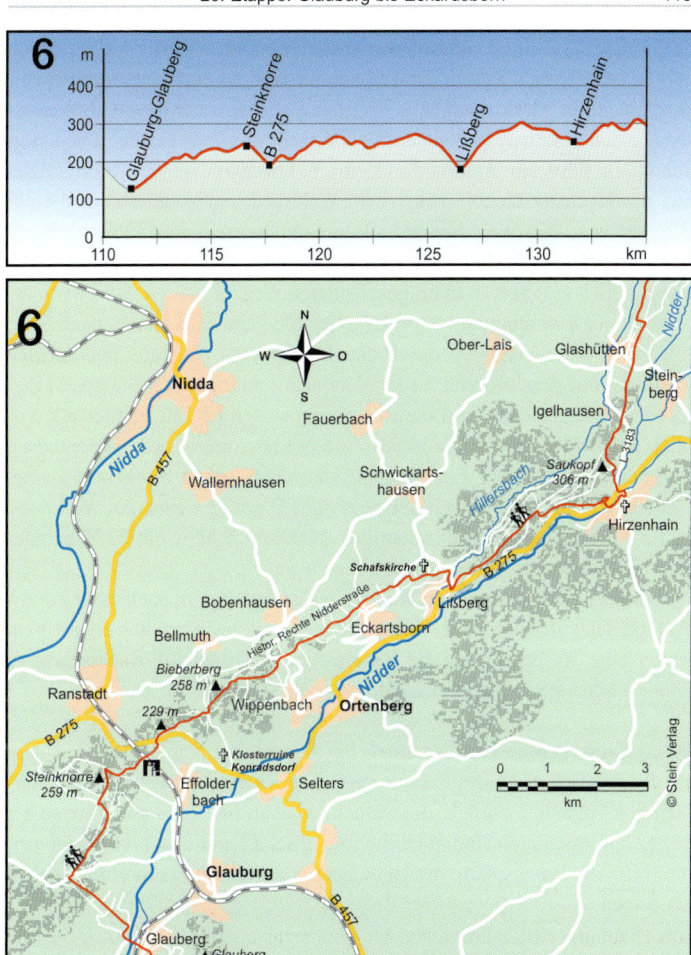

zum Wald. Die Bonifatius-Route führt durch den Wald zur L3190. Diese wird gequert, dahinter wandern Sie auf dem nach rechts führenden Schotterweg weiter durch den schattigen Wald.

An einer Gabelung halten Sie sich weiter geradeaus. Wo der Wald sich lichtet, ist in älteren Karten ein weiterer Wegverlauf einfach geradeaus eingezeichnet, die Markierungen in der Natur weichen aber davon ab: Verlassen Sie den Forstweg und gehen Sie links den mit Gras bewachsenen Weg hinauf. Er führt am Waldrand auf eine Feldwegkreuzung zu, dort folgen Sie, am Hochsitz rechts, weiter dem Waldrand und kommen auf diesem Weg später in den Wald hinein und die Steinknorre hinauf (259 m). Nach etwa 500 m führt die markierte Bonifatius-Route scharf rechts zum ursprünglich in den Karten eingezeichneten Weg.

An einer Einmündung von links gehen Sie geradeaus weiter, nach 50 m folgen Sie dem Forstweg durch den Linksbogen. Am teils überdachten Rastplatz mit der Infotafel zu Effolderbach und einem ⊙ Stempelkasten wandern Sie geradeaus auf dem Forstweg weiter. 🅿 Ein herrlicher Fernblick auf Effolderbach (🚂) und seine Nachbarorte in der Nidderaue tut sich hier auf. An einer Einmündung von rechts gehen Sie geradeaus, an einer T-Kreuzung dann nach links auf dem Teerweg weiter. Am Waldrand hinter der Schranke mit der schattigen Bank kreuzen Sie die B275 geradeaus. Hier ist der ✸ Rettungspunkt 106 zu finden.

Der breite Schotterweg verläuft weiter leicht bergauf, nach einer kurzen Waldpassage biegen Sie an einem Feld rechts ab und erreichen etwa 100 m weiter eine Werbetafel für die Hessenstube in Ortenberg. Rechts geht es nun zur Klosterruine Konradsdorf und nach Selters.

✝   **Klosterruine Konradsdorf**, mit Kirche und Nonnenhaus aus dem 12. Jh. Die Gründung des Prämonstratenserklosters um 1150 geht auf Gerlach von Büdingen zurück, die Mönche blieben bis 1270, die Nonnen bis 1581. Zu besichtigen sind noch die romanische Kirche und das Refektorium; bitte die Privatsphäre der Bewohner beachten und vorher um Erlaubnis fragen.

Ortenberg-Selters   ↰ 1,5 km ✗ 🚐 ▣ 63683 ① 06046

🛏   **Café Schauer**, Hauptstraße 60, ☎ 12 47, ↰ 1 km, 9 Betten, ÜF ab € 28. Garten und Sonnenterrasse, ✗ ☕ 🐎 🚲 ⛩ 🚐

◆   **Anita Alt**, Sprudelstraße 4, ☎ 78 71, 📱 01 60/667 98 60, ✉ anita-alt@web.de, ↰ 1,5 km, 5 Betten, ÜF EZ € 30, DZ € 50, ruhige und gepflegte Privatzimmer, gutes Frühstück, Etagenbad, ⛩ ▣ 🚲 🚗 💼 ▢

✕ **Gasthaus Neumühle**, Sprudelstraße 35

 Linie 3, 18, 20, 22, 90, 94

Die Bonifatius-Route führt hier nach links und dann auf dem weiteren Weg nach rechts. Sie ist auch mit einem roten Dreieck und einem Kreis gekennzeichnet. An der Weberlinde mit der schönen Sitzbank nehmen Sie den rechten Weg. Er verläuft eine ganze Weile auf der historischen Nidderstraße.

Auf der historischen Rechten Nidderstraße

Die Nidderstraßen

Zwischen Frankfurt und Fulda führte vor langer Zeit die historische Nidderstraße durch die Wetterau und den Vogelsberg. Der Höhenweg zwischen Nidda und Nidder, also westlich von Ortenberg, war eine beliebte Handelsstraße und wurde Rechte Nidderstraße genannt, parallel dazu verliefen die Linke Nidderstraße und die Bettenstraße. Der Leichnam des Bonifatius wurde nachweislich zumindest oberhalb von Selters und Konradsdorf auf der Rechten Nidderstraße transportiert.

An einer Einmündung von rechts hinter einem Feld gehen Sie geradeaus weiter. Hinter einem kleinen Tümpel rechts des Weges wird der Weg matschig, aber viele Wanderer vor Ihnen haben bereits einen Ausweich-Trampelpfad durch den Wald gebahnt. Bei der nächsten Einmündung von rechts gehen Sie geradeaus weiter. Der Weg trifft auf die L3184, dieser folgen Sie 100 m nach rechts. Wo sie eine Rechtskurve macht, bleiben Sie weiter geradeaus auf der Alten Nidderstraße. Rechts geht es hier nach Ortenberg.

Ortenberg   ⮌ 1,2 km 🏨 🏕 ✕ ☕ 🍷 〰 🖳 63683 🕐 06046

- **Stadt Ortenberg**, Lauterbacher Straße 2, ☎ 80 00-23, 🖳 www.ortenberg.net, ✉ stadt@ortenberg.net, 🗓 Mo bis Fr 9:00-12:00, Di 14:00-16:00, Do 14:00-18:00

- **Hotel Rotlipp**, Rotlippstraße 53, ☎ 71 18, 🖳 www.landgasthof-rotlipp.de, ✉ hotel.-rotlipp@t-online.de, ⮌ 800 m, 20 Betten, ÜF EZ € 40, DZ € 70. Im Grünen gelegener bayrischer Gasthof mit Biergarten, ✕ 🛏 🚻 🌙 (€ 5 p.P.)

- ☺ **Ortenberger Laternenpfad**, 39 Laternen in der Innenstadt erzählen auf über 70 Scherenschnitten die Geschichte des Ortes: vom Besuch des Zaren, von einem Flugzeugabsturz, einem Werwolf und von der Elektrifizierung, das Motiv 14 zeigt Bonifatius.

- 〰 **Freibad Ortenberg**, Rotlippstraße 10, ☎ 75 71, 🗓 Mai, Sep 10:00 bis 19:00, Jun bis Aug 9:00 bis 20:00, mit Sprungturm und FKK-Bereich, 🍷

- ✚ ärztlicher Bereitschaftsdienst Sa, So, Fei, ☎ 237

- 🚌 Linie 3, 18, 20, 22, 90, 94

- 🚕 Taxi Raab, ☎ 20 22, 🖳 www.taxi-raab.de

Ihr Weg auf der alten Nidderstraße führt anfangs bergauf und verläuft als breiter Schotterweg am Waldrand, später zwischen den Feldern auf der Höhe immer weiter geradeaus. An einer Baumgruppe nehmen Sie den linken Weg. Wenn der Schotterweg auf eine Fahrstraße trifft, wandern Sie geradeaus weiter. Rechts führt eine Straße nach Eckartsborn.

Ortenberg-Eckardsborn   ⮌ 200 m ✕ 🚌 🖳 63683 🕐 06046

- **Gasthof Hessenstube**, Weiherstraße 6, ☎ 458, 🖳 www.hessenstube-ortenberg.de, ✉ michaelemmrich.ortenberg@t-online.de, ⮌ 150 m, 10 Betten, ÜF EZ € 28, DZ € 50, im ✕ Restaurant ist Mo/Di Ruhetag (Übernachtung möglich, Abendessen/Frühstück nach Absprache), Mi Schnitzeltag, Fr Steaktag. 🐎 auf Anfrage 🖥 🚻 🛏 🚲 🚗 🌙

- 🚌 Linie 22, 90, 94

27. Etappe: Eckartsborn bis Lißberg

Die Schafskirche

⮑ 2,7 km, ↑ 22 m, ↓ 95 m, ⇧ 184-273 m, Karte/HP S. 115

Gehen Sie hinter dem Abzweig Eckartsborn geradeaus weiter und kreuzen Sie auch die beiden nächsten von Eckartsborn kommenden Straßen, hier ist links voraus schon der Funkturm auf dem Hoherodskopf zu sehen. Parallel zur Stromleitung queren Sie nun eine Straße um 10 m nach rechts versetzt, der Weg führt durch die Felder und mit einem Rechtsknick zweimal unter der Stromleitung hindurch.

Rustikales Kreuz in der Schafskirche

Am Waldrand gehen Sie links und erreichen die ✞ Schafskirche, einen kleinen Solitärbau. Ihr genaues Alter steht nicht fest, ungefähr hier soll aber schon der Leichenzug des Bonifatius Rast gemacht haben. Der Bau der heutigen Ruine wird auf das frühe 16. Jh. datiert.

Hinter der Schafskirche kommen Sie an ein Schild, das Ihnen die Entfernung bis Mainz mit 90 km und nach Fulda mit 60 km anzeigt. Hier folgen Sie rechts dem Steinweg. Sie gehen den Trampelpfad rechts hinab, er mündet in einen Forstweg, diesem folgen Sie in ein Wohngebiet. Hier gehen Sie rechts in die Merzbergstraße und dann links (Zum kleinen Weinberg) steil bergab.

Gehen Sie nun links über die Brücke mit dem roten Geländer und biegen Sie rechts in den Bachweg ein. Hier finden Sie einen ⊙ Stempelkasten. An der nächsten Gabelung gehen Sie rechts und erreichen die Vogelsbergstraße (B275) in Lißberg.

Burg Lißberg

Ortenberg-Lißberg

🏛️ 🍴 🛥️ 🍷 🚌 ▱ 63683 ⏱ 06046

N50°22.544' E9°05.171' (Bundesstraße)

- 🖥️ www.lissberg.de
- 🛏️ **Familie Schrader**, Obergasse 4, ☎ 72 68, ➲ am Weg, 2 Betten, ÜF € 18, nur Ü € 15, 🍳 🚫
- ♦ **Familie Kroker**, In der Mark 8, ☎ 72 44, ➲ 500 m, 2 Betten, Ü € 20, 🍳 🚫
- ⌘ **Burganlage** aus dem 11. Jh. auf einer schroffen Basaltkuppe. Der begehbare Bergfried ist 27 m hoch und wird wegen seiner massigen runden Form von den Eingeborenen liebevoll Krautfass genannt. Er bietet einen schönen 📷 Ausblick ins Niddertal.
- ♦ **Musikinstrumenten-Museum**, Schlossgasse, ☎ 432 + 467, 🖥️ www.museum-lissberg.de, 🗓 Apr bis Okt, jeden 2. + 4. So 14:00 bis 17:00. Unter den mehr als 1.000 Ausstellungsstücken befinden sich die weltgrößte Sammlung von Dudelsäcken, Sackpfeifen und Drehleiern sowie sieben weitere Welteinmaligkeiten.
- ✝ **evangelische Kirche** von 1618
- ⊙ 🍴 **Zum weißen Rössel**, Vogelsbergstraße 1B, und im Bachweg an der **Hillersbachbrücke** (Abzweig Weinbergstr.)
- 🚌 Linie 22, 90, 94

28. Etappe: Lißberg bis Hirzenhain
Waldwanderung im Niddertal

➲ *4,9 km,* ↑ *144 m,* ↓ *87 m,* ⇧ *185-304 m, Karte/HP S. 115*

Links geht es nun weiter Richtung Metzgerei, vor dem ✕ Restaurant gehen Sie links in die Obergasse. Sie führt bergauf an einer Picknickbank und dem Friedhof vorbei. Verlassen Sie den Teerweg in einer Rechtskurve an dieser Bank nach links, Ihr Weg führt nun, mit Gras bewachsen, in den Wald herein. Immer geradeaus verläuft die Bonifatius-Route nun ganz idyllisch weiter, zum Teil durch hohes Gras und Wildkräuter.

Sie trifft auf einen Forstweg, hier gehen Sie geradeaus und nehmen dahinter den ersten Weg. Sie folgen nun einer Haarnadelkurve nach rechts mit Blick auf Hirzenhain und gehen bergab zur B275. Diese kreuzen Sie und steigen noch vor dem Ortseingangsschild an der Rückseite einer Staumauer eine Treppe hinab und die nächste wieder hinauf. ⮠ Radler folgen hier der Straße nach links. Nun gehen Sie rechts Richtung Apotheke und erreichen die Kirche von Hirzenhain. Der Ort blickt auf eine lange Tradition der Eisengießerei zurück.

Hirzenhain

 ⌂ 63697 ① 06045

N50°23.524' E9°08.147' (Gemeindehaus)

🛈   **Gemeindeverwaltung**, Karl-Birx-Straße 6, ☏ 970-0, 🖳 www.hirzenhain.de,
✉ info@hirzenhain.de, 🕗 Mo bis Fr 8:00 bis 12:00, Mo 14:00 bis 16:00

🛌   **Stolberger Hof**, Nidderstraße 14, ☏ 50 66, 🖳 www.stiebeling-hirzenhain.de,
✉ h.stiebeling@t-online.de, ➲ 300 m, 20 Betten, ÜF EZ € 39-42, DZ € 59-62,
Rabatt ab 2 Nächten. Pension, Metzgerei und Speisegaststätte, mit Hallenbad und
Sauna, ✕ ⌑ ◼

⌘   **Kunstguss-Museum**, Nidderstraße 10, ☏ 682 35, 🕗 So 10:00 bis 12:00, 13:00 bis
16:00, zeigt die alte Tradition des Eisenkunstgusses mit traditionellen und modernen
Guss-Stücken, z. B. Ofenplatten aus dem 17. Jh. und Schmuckstücken. Die Gießhüt-
te Buderus geht auf eine Eisenhütte aus dem 15. Jh. zurück, die erste Waldschmie-
de ist schon für das 14. Jh. urkundlich belegt.

⛪   **ev. Kirchengemeinde**, Merkenfritzer Weg 16, ☏ 13 76, in der ehemaligen Klosterkirche des Augustinerklosters (1439-1534). Die gotische Architektur und Kirchen-
kunst lockt manch einen Besucher an.

✝ Maranatha-Mission, Am Hopfenacker 16, ☎ 14 02, und Freie Christengemeinde, Am Höhenblick 101, ☎ 95 14 01

🏊 **Hallenbad und Sauna** im Stolberger Hof

◆ **Naturschwimmbad Hirzenhain**, Am Schwimmbad 7, Infos bei der Gemeindeverwaltung: ☎ 970-0, 💻 www.waldschwimmbad-hirzenhain.de, 🕙 10:00 bis 19:00 (Homepage: „Bei saumäßiger Wärme auch länger") ⚲ Kiosk mit Biergarten. Schön gestaltetes Freibad mit bepflanztem Ufer, großen Holzplattformen, Wasserbob und einer Sprunganlage aus Natursteinen

⊙ **Rathaus**, Karl-Birx-Straße 6, und 🛏🍴 **Stolberger Hof - Metzgerei Stiebeling**, Nidderstraße 14

🚌 Linien 21, 22, 90, 94

29. Etappe: Hirzenhain bis Burkhards

Vom Wannberg zur Stumpe Kirch

↺ *10,6 km,* ↑ *320 m,* ↓ *116 m,* ⇧ *245-447 m, Karte/HP S. 115 und 123*

Links folgen Sie nun dem Wegweiser Richtung Einstieg Vulkanradweg, am Bürgermeisteramt gehen Sie rechts und am evangelischen Gemeindehaus links die Treppe hinab. Sie erreichen halb rechts einen Parkplatz, dort gehen Sie links am 🍴 Edeka vorbei und rechts zur Straße. An der Fußgängerampel wechseln Sie die Straßenseite, gehen über die Nidderbrücke und folgen dahinter der Straße rechts nach Glashütten.

Nach 100 m nehmen Sie links die kleine Straße Am Wannberg (WW8 Glashütten) und gehen durch ein Waldstück. In einer Linkskurve mit einer gelben Bank wandern Sie geradeaus auf dem Forstweg weiter, am Wald-

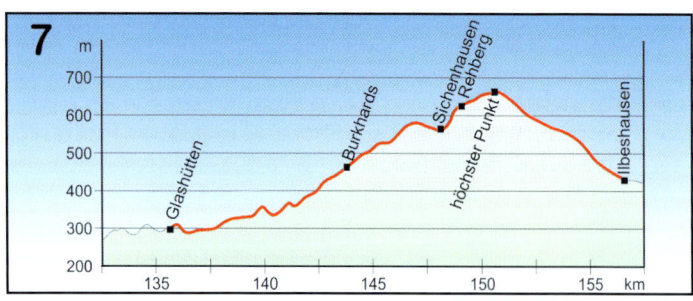

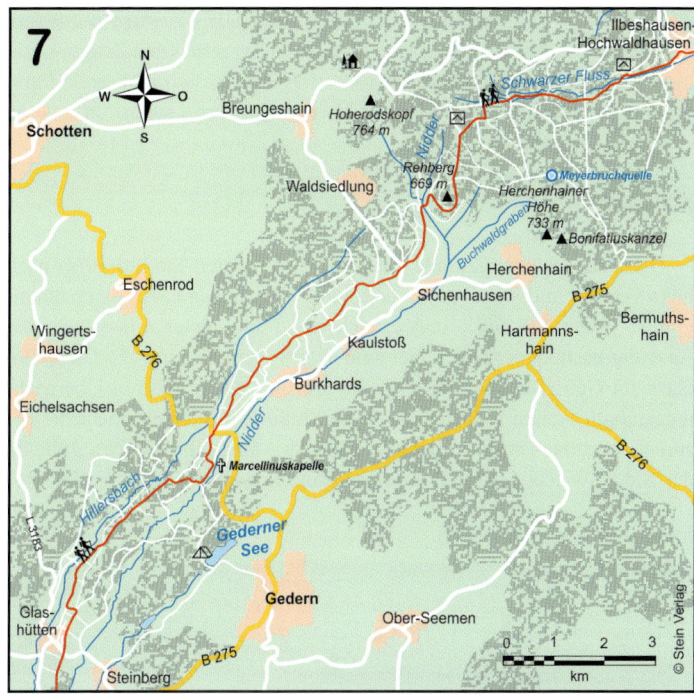

rand queren Sie die Ortsverbindungsstraße von Igelhausen nach Hirzenhain (L3183). Linker Hand liegt ein Steinbruch, dahinter gehen Sie geradeaus am Waldrand auf Glashütten 🚌 (Linie 21) zu, das seinen Namen aus
einer Zeit hat, als in dem Örtchen Glas produziert wurde.

N50°24.903' E9°08.251' (Straße nach Steinberg)

Gedern-Steinberg ↪ 1,5 km ✕ 🏊 🚌 ▤ 63688 🌙 06045

🛏 **Landgasthof Wolf**, Weiherstraße 17, ☎ 45 15, 🖥 www.landgasthof-wolf.de,
📧 info@landgasthof-wolf-steinberg.de, ↪ 1,8 km über Wanderwege, 20 Betten,
ÜF EZ € 41 (ab 2 Nächten € 39), DZ € 72 (€ 68), Sauna € 7,50, Garten, Terrasse.
Vor dem Start wird man prima mit Infos zur Strecke und den Sehenswürdigkeiten versorgt. ✕ 🗋 Di Ruhetag, regionale und gutbürgerliche Küche, 🗋 Mo, Mi bis Sa 8:00
bis 14:00, 16:00 bis 22:00, So 8:00 bis 22:00, 🚴 ▤ 🗂 🌲 🚗 🖤

✝ Hier in der **Weidenkirche** fühlen Sie sich im Gebet und im Gottesdienst dem Himmel besonders nah, denn Sie können ihn zwischen den geflochtenen Zweigen durchschimmern sehen. Das gesamte Kirchenschiff besteht aus jungen Weiden, im Boden bilden Kiesel verschiedene biblische Motive. Ein besonders schöner Ort der Ruhe und Besinnung

⊙ im 🛏 ✗ **Landgasthof Wolf**

🚌 Linie 21

Die Ortsverbindungsstraße nach Steinberg queren Sie um 10 m nach links versetzt und wandern hinter einigen Gärten weiter. An einer Baumgruppe gehen Sie links und erreichen 2,5 km hinter Glashütten den Abzweig nach Gedern. Von hier sind es gut 1 km bis zum 🏕 Campingplatz am Gederner See und etwa 3,5 km bis zu den anderen Übernachtungsmöglichkeiten in Gedern. Von dort brauchen Sie nicht mehr hierher zurückzukehren, sondern können mit einem Anmarsch von etwa 2 km an der Nidder wieder auf die Bonifatius-Route stoßen.

Tor zum Schloss Geldern

Gedern ⊃ 3,5 km 🏛 ⊞ BANK 🚋 🎫 ♀ 🏊 ✕ 🍽 ♀ 🚂 ▭ 63688 ① 06045

🏛 **Kultur- und Tourismusbüro Gedern**, Schlossberg 7, ☎ 60 08-25, 🖥 www.gedern.de, ✉ touristinfo@gedern.de, 🕐 Apr bis Okt Di bis So 10:00 bis 12:00, 14:00 bis 16:00, Nov bis März Di bis Fr 10:00 bis 12:00, 14:00 bis 16:00, Sa, So 14:00 bis 16:00

🚪 **Pension-Appartment Trost**, Frankfurter Straße 2, ☎ 44 55, 📱 01 60/92 02 65 56, ✉ appartment@trost-gedern.de, ⊃ 2,5 km, 10 Betten, Ü im EZ € 27, im DZ € 24, 🐾 € 5, F im 🍽 Café nebenan ab € 7,90. 🚲 ⛺

♦ **Schlosshotel Gedern**, Schlossberg 5, ☎ 96 15-0, 🖥 www.schlosshotel-gedern.de, ✉ info@schlosshotel-gedern.de, ⊃ 3 km, ÜF im EZ € 59-69, im DZ € 45-55, 3./4. Bett € 25. Wohnen im Schloss mit modernen Bädern. @ 🍽 ✕ mit preiswerten Tellergerichten und erstklassigen Menüs, ⛺ 🎋 🚗 ◼

⛺ **Campingpark** am Gederner See, Am Gederner See 19, ☎ 95 26 43, 🖥 www.campingpark-gedern.de, ✉ info@campingpark-gedern.de, ⊃ 1 km, 157 Urlauberstellplätze, € 5 p.P., Übernachtungssteuer € 1, Einmannzelt € 4, Zelt € 5, ruhige Lage direkt am See. Mobilheime für je 4 Pers. € 85, Woodlodge für 2 Personen € 40, 🍴 ♀ 🚋 🐾 (nicht in den Mobilheimen und Woodlodges)

⌘ **Schloss Gedern** wurde im 17./18. Jh. auf den Grundmauern einer Burg aus dem 13. Jh. erbaut und beherbergt heute die 🏛 **Touristeninformation**, die **Stadtverwaltung**, ein ⌘ **Museum**, eine **Seifensiederei** und ein 🚪 **Hotel** mit ✕ Restaurant und 🍽 Café.

♦ **Kulturhistorisches Museum**, Schlossberg 9, ☎ 60 08-25, 🕐 Di bis Fr 10:00 bis 12:00, 14:00 bis 16:00, Sa, So 14:00 bis 16:00. Schwerpunkte der Ausstellung liegen bei Burgen/Schlössern und bei der Eisenbahngeschichte. Dabei erfahren Sie auch, dass der neue Vulkanradweg auf der alten Eisenbahntrasse der Vogelsbergeisenbahn von Lauterbach nach Altenstadt verläuft.

✝ **kath. Kirche** St. Petrus, Mühlstraße 30, ☎ 71 37

🚋 **Gederner Seifensiederei**, Manufaktur für feine Badkultur im Schloss, Schlossberg 9, ☎ 95 08 80, 🕐 Di bis Fr 11:00 bis 17:00, Sa 11:00 bis 16:00, Apr bis Okt So 11:00 bis 16:00. Hier können Sie dabei zusehen, wie aus Pflanzenöl und anderen pflanzlichen Zutaten feine handgemachte Seife entsteht, ganz ohne Konservierungsstoffe.

🏊 **Gederner See**, ☎ 95 26 43, mit Bootsverleih und Angelmöglichkeit

♦ **Hallenbad**, Frenseckystraße 32, ☎ 73 75, kleines Bad mit 25-m-Becken ✕

🚌 Linien 21, 22, 23, 24, 90, 94, 391

🚗 Taxi Müller, 📱 01 76/24 53 77 96

An der T-Kreuzung gehen Sie rechts, der Weg ist hinter der Scheune gepflastert, später geteert, dann geschottert und führt immer auf den Hoherodskopf zu. An der nächsten Gabelung gehen Sie rechts und zuerst am Waldrand entlang, dann in den Wald hinein. Der jetzt breite Weg macht einen Linksbogen und führt durch lichten Wald.

An der nun folgenden Gabelung nehmen Sie den höheren Weg, gehen also quasi geradeaus. Vor einer Pappelreihe machen Sie einen Rechtsbogen, dahinter gehen Sie am Waldrand links. Nach 20 m biegen Sie rechts ab und gehen auf einem rauen Forstweg. Er mündet in einen anderen Forstweg, dort gehen Sie geradeaus bergab auf einen Platz zu. Knapp davor wandern Sie links am Waldrand weiter. Hinter zwei Pappeln führt rechts ein Weg zur Ruine der Marcellinuskapelle.

✝   **Marcellinuskapelle**, sie wird im Volksmund auch Stumpe Kirch, Kirchenstumpf, genannt. Der Überlieferung nach nächtigte an dieser Stelle der Leichenzug des Bonifatius und im 13./14. Jh. wurde hier eine kleine Saalkirche errichtet, von der inzwischen nur noch wenige, wiederaufgebaute Mauern erhalten sind - eben ein Kirchenstumpf. Christian Vogel geht übrigens davon aus, dass die Kapelle nie dem heiligen Marcellinus geweiht war, sondern dass das Wort Mirtzellerkirche in einem alten Original zu einem Patronatsfehler führte.

Nach etwa 100 m biegen Sie links zum Waldrand ab, oben angekommen folgen Sie vor dem Zaun rechts dem Pfad durch Gehölz und Wiesen, er wird zum Feldweg. Am Wegweiser zur Stumpen Kirch folgen Sie rechts dem Teerweg. Sie erreichen die B276, die nach Schotten führt.

⛺   **Campingplatz am Nidda-Stausee**, Außerhalb 13, 63679 Schotten,
☎ 060 44/14 18, 📱 01 70/311 04 51, 📧 campingplatz@schotten.de, ➲ 6,5 km,
60 Plätze, Zelt € 4, Ü p.P. € 4,50, 🐕 € 1, ⛽ 🍴 🛖 ✕

Queren Sie die Bundesstraße und folgen Sie nach 80 m links dem Weg in den Wald herein. Gehen Sie an der Gabelung geradeaus und folgen Sie dem Weg auf der Höhe, auch an der nächsten Gabelung. Sie verlassen den Wald also nicht und kommen zu Werbeschildern für die Gasthäuser in Burkhards.

Schotten-Burkhards

✕ 🚐 ▭ 63679 🌙 06045

N50°27.718' E9°11.499' (Werbeschilder)

🛏 **Landgasthaus Zur Birke**, Fam. Winter, Niddergrund 7, 💻 www.zur-birke.com, 🖂 info@zur-birke.com, ☎ 45 37, ➲ 800 m (ab Route ausgeschildert), 53 Betten, ÜF EZ € 41, DZ € 70, weitere Person € 20. Die sympathischen und hilfsbereiten Inhaber werden in mehreren Leserbriefen gelobt, haben alle Infos über die Stumpe Kirch und führen Sie auch gerne. @, Garten, Liegewiese, Terrasse, 🐴 ✕ mit köstlichen Spezialitäten der Region (🔲 Mi Ruhetag - Übernachtung möglich) ▨ 🛏 🪑 ◨ 🚗

♦ **Gasthaus Zum Niddertal**, Familie Schmidt, Niddergrund 23, ☎ 15 04, 💻 www.zum-niddertal.de, 🖂 d.schmidt@zum-niddertal.de, ➲ 800 m, 4 Betten in Pension, ÜF EZ € 35, DZ € 62, FeWo für 2-6 Personen für 2 Pers. € 45, weitere Person € 8, F € 7, 🔲 Di Ruhetag. ✕ ⊘

✝ **evangelische Kirche** von 1756. Der Kopf auf der linken Seite wird Helg = Heiliger genannt, er ist etwa 1.000 Jahre alt und war ursprünglich in der Stumpen Kirch eingebaut. Auf dem Friedhof von Burkhards sind viele alte Grabsteine zu sehen, er ist umfriedet mit einer alten Trockensteinmauer

⊙ 🛏 ✕ **Zur Birke** und 🛏 ✕ **Zum Niddertal**

🚌 Linien 22, 60, 94, 391

30. Etappe: Burkhards bis Hochwaldhausen

Der höchste Punkt der Route

➲ 12,6 km, ⬆ 279 m, ⬇ 261 m, ⇧ 447-679 m, Karte/HP S. 122/123

Die Bonifatius-Route führt hinter dem Abzweig nach Burkhards geradeaus auf einem Teerweg weiter. Dieser macht eine Linkskurve, hier gehen Sie an einer Gabelung rechts. Bei einer Einmündung von links und kurz darauf von rechts wandern Sie jeweils weiter geradeaus, ebenso auch an allen weiteren Abzweigungen. Erst wenn der Weg - von hohem Gras bewachsen - auf einen Teerweg führt, gehen Sie rechts auf der Höhe weiter. An einer Weggabelung mit Hochstand biegen Sie links ab und gehen an der nächsten Gabelung geradeaus weiter.

🛏 **Willi und Erika Döll**, Rehbergweg 3, 63679 Schotten-Sichenhausen, ☎ 060 45/25 03, FAX 25 60, 💻 www.pensiondoell.de, ➲ 800 m, 3 Betten, ÜF € 25 p.P, Frau Döll macht auch Abendbrot. 🪑 🛏 ◨ 🚲 ◨

🖙 **Deutsches Haus** Däsch OHG, Fuldaer Straße 5, 36355 Grebenhain-Bermuthshain, ☎ 0 66 44/12 34, 🖳 www.daesch.de, ✒ deutsches-haus@daesch.de, ➲ 7 km, 70 Betten, ÜF EZ € 39-45, DZ € 76-80, MBZ € 90-150. ✕ mit Biergarten, Garten mit Liegewiese, Sauna, @ 🐎 🚲 ≡ 🛋 🌲 🚗 📷

Am Schild mit der Aufschrift „Salztage" biegen Sie links ab und nach 20 m rechts, Sie wandern am Waldrand bis zu einer Gabelung, dort gehen Sie rechts bis zur Landstraße. Hier geht es rechts nach Sängerwald und links zum Hoherodskopf (✋ Bis dorthin sind es noch 8 km!).

Hoherodskopf bei Schotten-Breungeshain   ➲ 8 km 🚻 ✕
🚌 🏨 🚐 🖃 63679 ① 06044

ℹ️ **Naturpark Info-Zentrum** am Hoherodskopf, ☎ 96 69 33-0, 🖳 www.hoherodskopf-info.de, ✒ hoherodskopf@tourist-schotten.de, 🕐 10:00 bis 17:00, Nov bis Apr Mo bis Fr erst ab 11:00. Informationszentrum mit gutem Infomaterial zum Vogelsberg, zu den Naturerlebnispfaden auf dem Hoherodskopf und zu Freizeitmöglichkeiten, z. B. ⊕ GeoCaching-Park. Im Gebäude ist auch eine Naturerlebnisausstellung.

🖙 **Berggasthof Hoherodskopf**, Außerhalb 4, ☎ 82 22, 🖳 www.berggasthof-hoherodskopf.de, 25 Betten, ÜF EZ € 39, DZ ab € 66, DBZ € 93, 🐎 € 7. Rustikale Atmosphäre und schöne Aussicht. ✕ 🚌 mit großem Kuchenangebot.

🏨 **Jugendherberge Hoherodskopf**, Am Hoherodskopf 1, ☎ 27 60, 🖳 www.djh-hessen.de/jh/hoherodskopf, ✒ jh-hoherodskopf@jugendherberge.de, 130 Betten, ÜF im EZ € 24-34, im DZ € 22-31, im MBZ € 21, DJH-Ausweis erforderlich, diese JH liegt direkt unterhalb des 764 m hohen Vogelsberggipfels Hoherodskopf am Vulkanradweg. 🛋 🌲

♦ **Vater-Bender-Heim**, Vogelsberger Höhen-Club e.V., Hausverwaltung Helga Adolph, ☎ 24 40, 🖳 www.vogelsberger-hoehen-club.de, ✒ v-h-c@web.de, Wanderheim mit 25 Betten, Du/WC, Küche und Aufenthaltsraum. Bettwäsche, Schlafsäcke, Toilettenpapier, ... mitbringen! Eher interessant für Gruppen, denn es wird pauschal für das ganze Heim abgerechnet: Mo bis Fr € 80, Wochenende € 100 plus € 30 für die Reinigung, Mindestübernachtung 2 Nächte. 🛋

⊙ ℹ️ **Naturpark Info-Zentrum**

⌘ **Taufstein** mit Bonifatiusbrunnen und Bismarck-Turm

⊕ Ein Cacherparadies mit etlichen Tradis und Multis rund um den Hoherodskopf und am Bonifatiusbrunnen. Anfänger erhalten Gerät und Instruktionen im ℹ️ Info-Zentrum

Naturpark Info-Zentrum

✗ Hoherodskopfklause, 🚩 Sa bis Do 10:00 bis 18:00

❄ **Skilift und Sommerrodelbahn** Hoherodskopf, ☎ 28 93,
💻 www.wiegandslide.com, vier Lifte und Abfahrten für Skifahrer, dazu eine 750 m
lange Sommerrodelbahn mit 7 Steilkurven.

☺ **Kletterwald Hoherodskopf**, ☎ 60 89 45, 💻 www.kletterwald-hoherodskopf.de,
🚩 10:00 bis 18:00, im Sommer manchmal bis 20:00, mit 10 verschiedenen Parcours
bis zu 15 m Höhe, Sprüngen und einer 130 m langen Seilrutsche!

☁ **Wetter-Kamera** unter 💻 www.hoherodskopf.de

🚌 Sa, So, Fei: Vogelsberger Vulkanexpress, Linien 90-95

Der Vulkan Vogelsberg

Geologen schätzen, dass der Vulkan Vogelsberg vor etwa 10-17 Millionen
Jahren entstanden ist. Er hat keinen zentralen Krater, sondern ließ seine
Lava aus vielen Schloten und Spalten an die Erdoberfläche aufsteigen, so
bildete sich der einzige Schildvulkan Deutschlands mit bis zu 600 m
dicken Basaltschichten. Höchste Erhebungen auf dem Hochplateau des
Vogelsberges sind der Taufstein (773 m) und der Hoherodskopf (764 m).

Die vielen bizarren Felsen und anderen Naturdenkmale, die einzigartigen Biotope mit seltenen Pflanzen und Tieren bezauberten die Menschen so sehr, dass schon im Jahr 1956 der Naturpark Hoher Vogelsberg gegründet wurde.

Sie kreuzen die Straße geradeaus und gehen auf der rechten Seite der Brennholzstapel geradeaus weiter. An der Scheune (Steinhorst) nehmen Sie den Weg geradeaus ins Tal, bei einer Einmündung von links gehen Sie geradeaus, an der nächsten Gabelung rechts.

Nun queren Sie die Nidder, dahinter biegen Sie links ab und gehen am Waldrand bis zu einem Schild für die Bonifatius-Route und den Rehberg. Diesem folgen Sie nach rechts weiter bergauf zum Rehberg mit seinen mächtigen Basaltfelsen. Mit 679 m erreichen Sie hier den höchsten Punkt Ihrer Wanderung.

An einer Lichtung gehen Sie geradeaus und weiter bis zur Bonifatius-Infotafel für Schotten. Dort biegen Sie rechts ab und folgen dem Waldweg durch eine Linkskurve. Sie gelangen zu einer Wegkreuzung mit Findling und Rastplatz, hier gehen Sie rechts. Am Flößerhaus gehen Sie geradeaus weiter, rechts und links laden Tische und Bänke zu einer Rast ein.

Eine Weile wandern Sie im Tal weiter, parallel zum Bach mit dem Namen „Schwarzer Fluss". An der nächsten größeren Forstwegkreuzung gehen Sie links, danach überqueren Sie einen Bach. Sie erreichen eine große, geschlossene Hütte, deren Bänke breit genug sind, um in Notsituationen darauf zu biwakieren. Dahinter folgen Sie dem schmalen Weg rechts bergab, bis zu einem Abzweig nach Grebenhain.

Grebenhain-Herchenhain   ⟳ 2,7 km ✕ 🍴 🚌 🖃 36355 ☽ 06644

🛏 **Bertl's B&B**, Feldkrücker Weg 23, ☎ 493, 📱 01 60/94 65 30 44,
💻 www.bertls-b-and-b.de, ✉ mail@bertls-b-and-b.de, ⟳ 800 m, 8 Betten,
ÜF EZ € 40, DZ € 60. Gemütliche Wanderreitstation mit Sauna und Gästegarten,
Abendbrot, 🐴 🏡 ⛩ 🖼 🎒

🚶 300 m entfernt vom Bergrasthaus befinden sich die Felsformation Bonifatiuskanzel und die Bonifatius-Quelle (heute Meyerbruchquelle), wohl ein Rastplatz des historischen Leichenzuges.

 Linie 54, 391

Oskar's Vulkanblitz, ☏ 07 00/21 15 21 15

Nun wandern Sie eine ganze Weile immer parallel zum Schwarzen Fluss, der meist nur Bachbreite hat und mitunter auch Schwarzbach oder Schlitz genannt wird. Erst wenn Sie einen Wanderparkplatz erreichen, folgen Sie der Jean-Berlit-Straße nach links, passieren die Vogelsbergklinik und erreichen die L3140 (Waldstraße/Hindenburgstraße). Rechts folgen Sie nun der Hindenburgstraße, im Frühsommer können Sie überall im Ort riesige blühende Rhododendren bewundern.

⇔   Gegenüber vom ✗ Hessischen Hof biegen Sie rechts in den Mühlweg und erreichen das schönste Haus im Vogelsberg (Wegweiser Teufelsmühle).

Grebenhain-Hochwaldhausen/Ilbeshausen

〰 ✗ 🚲 (nur Geschenke und Süßigkeiten) ✆ 🚐 ▱ 36355 ☽ 06643

N50°31.149' E9°19.056' (Kurpark)

🖐 Kurtaxe: € 0,85

Tourist-Information im Kurpark Hochwaldhausen, Hindenburgstraße 81, ☏ 81 17 + 256, 🗓 Mo, Di, Mi, Fr 14:00 bis 16:00, Di, Fr auch 9:00 bis 11:30, Do 15:00 bis 18:00

🛏 **Gasthof zum Felsenmeer**, Jean-Berlit-Straße 01, ☏ 336,
🖥 www.gasthof-zum-felsenmeer.de, ✉ gasthof-zum-felsenmeer@t-online.de,
➲ am Weg, 47 Betten, ÜF EZ € 24, DZ ab € 43, nicht die gemütlichste Unterkunft, aber direkt am Weg und hundefreundlich, ♨ 🖼 🐈 nur auf Anfrage

♦ **Frauenferienpension**, Claudia Reichenbacher, Jean-Berlit-Straße 9, ☏ 91 09 91,
🖥 www.frauenferienpension.de, ✉ info@frauenferienpension.de, ➲ am Weg, 4 Betten, ÜF im EZ € 47, im DZ € 42, Abendessen als vegetarisches 3-Gänge-Vollwertmenü, alles im Frühstück ist 100 % bio und vegetarisch-vollwertig. Ökologisch orientiertes, modernes Haus, spezialisiert auf die Urlaubsbedürfnisse von Frauen, Angebot von qualifizierten Massagen, mit Garten, Abendessen möglich. 🛋 ♨ 🚗 🖼

♦ **Pension Grünes Paradies**, Dietrich KG, Wiesenweg 8, ☏ 79 90 33,
🖥 www.gruenes-paradies.eu, ✉ info@gruenes-paradies.eu, ➲ 100 m, 32 Betten, Ü EZ € 31, DZ € 55, MBZ ab € 68, F € 8, ♨ (Frühstückspaket € 8, Lunchpaket € 8,50). Individuell eingerichtete Zimmer und 3 Blockbohlenhäuser, Leseecke,

Kachelofen, Wintergarten. Gehört zum ✕ Restaurant Sauwirt (💻 www.zum-sauwirt.de). Schlüssel gibt es tagsüber im Dies&Das-Laden Konfetti und abends im Sauwirt. 🛏️ 🖨️ 🚲 📷

⌘ **Teufelsmühle**, auch Hansenmühle: Dieses wunderschöne Fachwerkhaus wurde schon 1530 erstmals urkundlich erwähnt. Darin wurde die Mühle als Lehen einem Klaus Tuvel übergeben, hieraus ergibt sich wahrscheinlich der Name Teufelsmühle = Tuvels Mühle. Der Sage nach ist die Mühle aber Ergebnis eines Wettstreits zwischen einem Zimmermann und dem Teufel. Der aktuelle Bau stammt größtenteils aus dem Jahr 1691.

Teufelsmühle

⊙ 🚹 **Tourist-Info-Haus**, ↩️ **Grünes Paradies**, Wiesenweg 8, ✕ **Zum Sauwirt**, Wiesenweg 8, ✕ **Hessischer Hof**, Hindenburgstraße 39, ↩️ **Zum Felsenmeer**, Jean-Berlit-Straße 1, und 🍺 **Inselcafé**, Schwarzbachweg 15

🪑 **Geschenkelädchen Konfetti** neben dem Sauwirt: Geschenke, Süßigkeiten und Kaffee zum Mitnehmen, 🕐 Mo, Mi, Do, Fr 10:00 bis 12:00, 14:00 bis 18:00

☺ **Geo-Erlebnispfad** zum Hoherodskopf mit Basaltformationen

- ≈ **Freibad Hochwaldhausen**, ☎ 83 10, 🗓 Mai, Sep 10:00 bis 18:00, Jun bis Aug 10:00 bis 20:00
- ♦ **Hallenbad** in der Vogelsbergklinik, Jean-Berlit-Straße 31, Sauna, 🗓 Mo bis Fr 18:00 bis 22:00, Sa 14:00 bis 20:00, So 15:00 bis 21:00
- 🚌 Linien 45, 53, 91, 95, 391

Grebenhain-Crainfeld   ➲ 6 km 🖃 36355 ① 06644

- 🛏 **Christa & Walter Seibert**, Märzwiesenweg 1, ☎ 13 43,
  💻 www.ferienwohnung-seibert.de, ✉ info@ferienwohnung-seibert.de,
  ➲ 5 km, 7 Betten, ÜF EZ € 37, DZ € 64, MBZ € 28 p.P., Bibliothek, Infrarotkabine,
  Rosengarten, Abendessen möglich, @ 🏠 ⛩ 🚗 🖼

---

31. Etappe: Hochwaldhausen bis Steinfurt

Entspanntes Wandern bei wenig Steigung

➲ 7,3 km, ↑ 67 m, ↓ 118 m, ⇧ 410-465 m, Karte/HP S. 135

Hinter der evangelischen Kirche von Ilbeshausen gehen Sie noch auf der Hindenburgstraße geradeaus weiter, sie wird zur Herbsteiner Straße. An einem gelben Holzhaus biegen Sie rechts in den Nösbertser Weg und queren die Schlitz. An einer Gabelung im Feld nehmen Sie den Fahrweg nach rechts und folgen ihm bis nach Nösberts (am Wäldchen rechts). Gehen Sie geradeaus auf der Alten Straße und dann links zur Altenschlirfer Straße.

Nösberts-Weidmoos   ✗ 🚐 🖃 36355 ① 06644

N50°31.039' E9°22.395' (Bundesstraße)

- ✿ **Rosengarten** und **Künstleratelier** Ellen Kresky, In der Hutweide 9, ☎ 420, 🗓 nach Vereinbarung. Besonders schön ist der Garten im Juni, am letzten Wochenende im Juni findet das Rosenfest „Kunst und Rosen" statt.
- 🚌 Linien 45, 53, 90, 391

Herbstein-Altenschlirf   ➲ 1,5 km 🏧 ✗ 🚐 🖃 36358 ① 06643

- 🛏 **Linde Wirtshaus**, Mühlgasse 3, ☎ 89 89, FAX 91 99 46, ➲ 1,6 km, 9 Betten, Ü EZ ab € 42, DZ ab € 70, F € 11 p.P., ✗ für uns das beste Frühstück auf der gesamten Strecke, abends: Frisches aus der Region, in der Jagdsaison auch Wild. 🐕 🏠 ⛩ 🖼 🚗 🖼

🛏 **Landgasthof Bienenhaus**, Talstraße 8, ☎ 17 90, 🖥 www.bienenhaus.de,
  📧 anfrage@bienenhaus.de, ➲ 2 km, 9 Betten, ÜF ab € 32 p.P., 🐕 auf Anfrage
  🅿 🍴 🚲 ☎ 🚐 📷

🚌 Linien 42, 45, 53, 90, 391

Das alte alte Altenschlirf

Die Bewohner von Altenschlirf sind fest davon überzeugt, dass ihr Dorf in
der Zeit des Bonifatius gegründet wurde, es gilt also mit weit über 1.200
Jahren als das älteste Dorf in Hessen. Eine Urkunde im Kloster Lorsch mit
dem Datum 768 spricht auch dafür. Möglicherweise verlief die Route des
Trauerzuges nicht im südlichen Nachbartal, sondern im Tal der Altfell
durch Altenschlirf.

Herbstein   ➲ 8 km 🐕 🏦 🚲 💐 🏊 ✕ 🍺 🍷 🚐 ✉ 36358 ☎ 06643

✋ Kurtaxe € 0,80

ℹ **Kurbetriebsgesellschaft Herbstein GmbH**, Obergasse 5, ☎ 79 97 09,
  🖥 www.herbstein.de, 📧 tourist-info@herbstein.de, 🕐 Mo bis Fr 10:00 bis 12:00,
  14:00 bis 16:00

🛏 **Kolping Feriendorf Herbstein**, Adolph-Kolping-Straße 22, ☎ 70 20,
  🖥 www.kolping-feriendorf.de, 📧 rezeption@kolping-feriendorf.de, ➲ 8 km,
  120 Zimmer, ÜF EZ € 50-54, DZ € 86-94, Bibliothek, @ 🅿 ☎ 🍴 📷 unüblich, nur
  nach Einzelanmeldung

🏠⛺ **CVJM Feriendorf**, Ernst-Klotz-Weg 1, ☎ 582, 🖥 www.cvjm-feriendorf.de,
  📧 info@cvjm-feriendorf.de, ➲ 4 km, 100 Betten im Gruppenbereich, 70 Betten im
  Familienbereich, 500 Plätze im Zeltlagerbereich. ✋ eigentlich für Gruppen konzipiert, Preise auf Anfrage. ✕ Pizzahütte, @ ☎ 🅿 🍴

♋ **Fastnacht & Statt-Museum**, Obergasse 5, ☎ 79 97 09 + 15 62 + 14 22, 🕐 Mo bis
  Fr 10:00 bis 12:00, 14:00 bis 16:00, Sa, So nach Vereinbarung. Ausstellungsstücke
  zur Fastnacht, zur Auswanderungsbewegung und zur Stadtgeschichte.

🏊 **Vulkantherme + Vulkansauna**, Zum Thermalbad 1, ☎ 16 66,
  🖥 www.vulkantherme.de, 🕐 Therme Mo 14:00 bis 20:00, Di, Do, Sa, So, Fei 9:00 bis
  20:00, Mi, Fr 9:00 bis 22:00; Sauna Sep bis Mai Di 13:00 bis 20:00, Mi, Fr 13:00 bis
  22:00, Do 13:00 bis 22:00 (Damen), Sa, So, Fei 11:00 bis 20:00, Juni bis Aug Di
  geschlossen, Mi bis Fr erst ab 14:00. Thermal-Bewegungsbad mit 32,6°C warmem
  Heilwasser, Sauna, Dampfbad, 🍺

⊙ Stempelkasten am **Froschbrunnen** an der B275

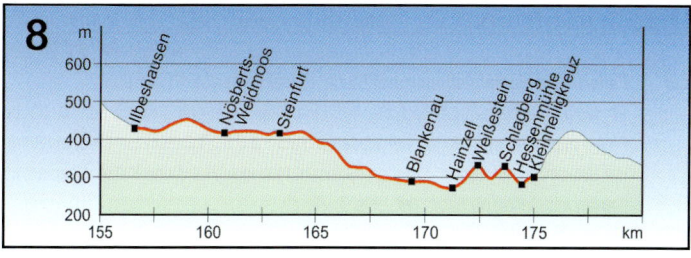

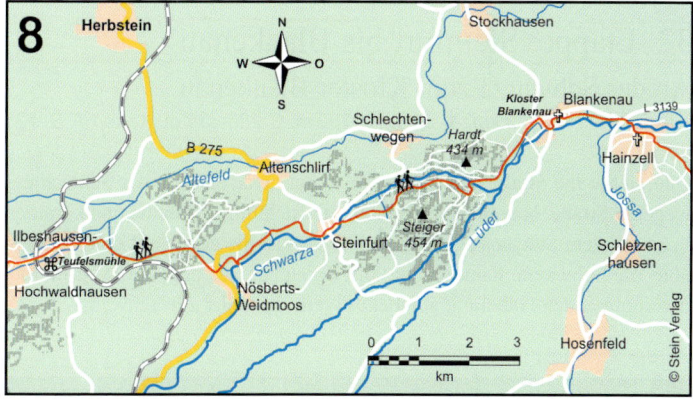

 Linien 42, 45, 48, 53, 91, 391

 Taxi Schad, ☎ 81 50

Sie kommen an eine Kreuzung mit der B275 und queren die Straße. An einem überdachten Brunnen mit Froschkönig gibt es einen Kasten mit Wanderinfos und einen ⊙ Stempelkasten.

Folgen Sie nun dem Schotterweg unter den Birken, am Ende der Birkenreihe gehen Sie rechts und vor einer Brücke links. Nehmen Sie den ersten Weg rechts und gehen Sie hinter dem kleinen Bächlein erneut rechts. Vor einer Baumreihe am Bachlauf der Schwarza gehen Sie rechts und eine Weile parallel zum Bach weiter. Danach halten Sie halb links auf eine Häusergruppe zu. Gehen Sie nun auf der Straße in den Ort hinein, sie heißt im weiteren Verlauf Schwarzaer Straße.

Herbstein-Steinfurt  (Getränkemarkt) 🚌 📧 36358 🕐 06643

N50°31.441' E9°24.305'

🛏️ **Ferien- und Nostalgiebauernhof** Bloch, Heisterserstraße 10, ☎ 658,

📠 www.ferienbauernhof-bloch.de, ✉ info@ferienbauernhof-bloch.de, ➲ 50 m, FeWo mit 4 Betten € 38 und vier weiteren Betten à € 5, 🔆 Ostern bis Oktober. Schöner Bauernhof mit Kühen, Schafen, Gänsen, Hühnern, Hund und Katze, Sitzplatz im Garten mit Grillmöglichkeit. 🐕 🚲 📧 🪑 ⛺

🚌 Linien 42, 45, 53

32. Etappe: Steinfurt bis Blankenau

An der Schwarza zum Kloster Blankenau

➲ *6,2 km,* ↑ *53 m,* ↓ *182 m,* ⇑ *285-438 m, Karte/HP S. 135*

Queren Sie die Straße und gehen Sie weiter geradeaus auf der Schlechtenwegener Straße. Nun biegen Sie rechts ab Richtung Grillhütte und kommen links auf dem Steigerweg aus dem Ort heraus. Sie gehen auf einer Brücke über die Schwarza, dann rechts vom Spielplatz auf dem Teerweg und an der kommenden Gabelung geradeaus weiter, parallel zur Schwarza.

An der Schwarza

Der Weg führt bei einer schwarz-gelben Schranke in den Wald hinein. An einer großen Rotbuche wandern Sie geradeaus durch den Wald bergab. An einer T-Kreuzung gehen Sie auf dem hinteren/breiteren der beiden nach links führenden Wege bergab und hinter einer weiteren schwarz-gelben Schranke geradeaus. Nun überqueren Sie erneut die Schwarza. An einer Einmündung von links gehen Sie weiter geradeaus an den ersten Höfen und am Sportplatz vorbei.

An der Bushaltestelle biegen Sie rechts ab.

Nehmen Sie nun die erste Straße rechts (Krautgartenweg), an der Raiffeisenbank gehen Sie links neben der Schwarza weiter und biegen links in die Von-Walderdorff-Straße, dann wieder links in die Mittelstraße und rechts in den Hofmühlenweg. Sie erreichen Ihr Etappenziel am Kloster Blankenau.

Hosenfeld-Blankenau

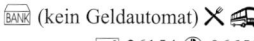 (kein Geldautomat) ✕ 🚌

✉ 36154 ☎ 06650

N50°32.614' E9°28.311' (Propstei)

🔑 **Pension Karl Kraß**, Lüdertalstraße 14, ☎ 456, ✍ vogel.e-r@t-online.de, ➲ am Weg, 11 Betten, ÜF im EZ € 32, im DZ € 29. Grundstück mit großem Garten und Grillmöglichkeit, Abendessen nach Absprache möglich. 🐕 🗁 🛏 🖵 🚗 📖

🔑 **Ferienwohnung Kurz**, Alte Dorfstraße 3, 36358 Herbstein-Schadges, ☎ 91 95 46, 🖵 www.ferienwohnung-schadges.de, ✍ doris@ferienwohnung-schadges.de, ➲ 5 km, FeWo für 2 bis 5 Personen, € 32-37, Garten mit Liegewiese, 🛏 🗁 🖵 🚗 📖 nach Vereinbarung

🏠🚶 Pilgerunterkunft für Gruppen und Selbstversorger-Wohnung für Pilger in der Alten Schule gegenüber der Kirche, Hausnummer 5, Information und Anmeldung bei Andrea Weber, ☎ 85 05, 🖵 www.katholische-kirche-blankenau.de

⌘ **Heimatmuseum**, Propsteiplatz 1, 🔑 nach tel. Vereinbarung ☎ 12 12 (Reinhold Reuß), weltliche und kirchliche Gegenstände aus dem täglichen Leben der Bürger und Klosterbewohner

◆ **Hospital St. Elisabeth**, das ehemalige Hospiz der Zisterzienserinnen

✝ **Kloster Blankenau**, ehemaliges Zisterzienserinnenkloster von 1268 mit Propsteigebäude

⊙ ✝ **Propstei - kath. Pfarramt** und in der ✝ **Klosterkirche**

 Linien 60, 65

33. Etappe: Blankenau bis Hainzell
Von der Propstei hinaus in die Wiesen

⮑ *2 km,* ↑ *17 m,* ↓ *24 m,* ⇧ *272-284 m, Karte/HP S. 135*

Kirche in Hainzell

Sie gehen durch die Propstei und dahinter rechts, nach 15 m links (Breitwiese) und geradeaus aus dem Ort hinaus. Der Feldweg führt Richtung Hainzell und mündet in die L3139. Hier wandern Sie rechts weiter (K93) und hinter dem Rastplatz links unter der Straßenbrücke hindurch.

 Linie 60

An einem steinernen Kruzifix gehen Sie rechts (An der Brücke) über eine Brücke über die Lüder und passieren die Stegmühle. Schon ist die Ortsmitte von Hainzell erreicht.

Hosenfeld-Hainzell

🚇 🏦 ✕ ☎ 🚌 ▭ 36154 ① 06650
N50°29.464' E9°29.584' (Kirche)

🛏 FeWo + **Pension Waltraud Dorschel**, An der Trift 5, ☎ 81 98, 📱 01 76/56 57 47 41, 🖥 www.ferienwohnung-dorschel.de.tl, ✉ juergen.dorschel@t-online.de, ⮑ 100 m, 6 Betten, ÜF EZ € 27, DZ € 50. Helle, gemütliche FeWo am Ortsrand mit Terrasse und Liegewiese, 🏡 ⛩ 🚂 🚗 🎒

✠ **Stegmühle Hainzell**, An der Brücke 8, ☎ 16 00, 🚩 Mo, Mi, Fr 14:00 bis 18:00, Do 11:00 bis 18:00, Sa 9:00 bis 13:00, die Mühle aus dem Jahr 1502 mit dem 5,4 m großen, unterschlächtigen Wasserrad arbeitet immer noch einwandfrei und kann besichtigt werden. 🚇 Mühlenladen mit Mehl, Saaten, Müsli, Nudeln und Tee.

✝ **kath. Kirche**, Neubarock mit modernem Mosaik

⊙ ✝ **Pfarrkirche**, Kirchbergstraße 3

 Linie 60

Hosenfeld ⮐ 4,5 km 🏨 BANK 🚉 🍴 🥤 ✕ 🍺 ☕ 🚐 ▭ 36154 ⓘ 06650

ℹ **Rathaus** Hosenfeld, Kirchpfad 1, ☎ 96 20-0,

✉ kontakt@gemeinde-hosenfeld.de

🛏 **Gasthof Sieberzmühle**, Sieberzmühle 1-3, ☎ 960 60, 💻 www.sieberzmuehle.de,

✉ info@sieberzmuehle.de, ⮐ 2,5 km (auf Waldwegen, für GPS: N50° 30.227 E9° 31.009), 70 Betten in Gästezimmern, Appartements und FeWo, ÜF EZ € 49-55, DZ € 78, Idylle im Siebenbrunnental mit Mühlrad, Wildgehege, Badeteich, Terrasse, 🐎 🚲 ✕ ☕ 🛏 ⛱ 🚗 🚐 📷

⚠ **Campingplatz Bergwinkel** Hosenfeld, 📱 01 71/241 74 66,

💻 www.camping-hosenfeld.de, ✉ info@camping-hosenfeld.de, ⮐ 4 km, 80 Stellplätze, € 7, p.P. € 5, 🐕 € 1, Blockhaus ab € 35, 4 Miet-Wohnwagen ab € 38, 🚿 ganzjährig, Trockner 🔲

🏊 **Schwimmbad Vorderer Vogelsberg**, ☎ 363, 🗓 Mai bis Sep, Zeiten je nach Wetter, Freibad direkt neben dem Campingplatz

🚌 Linie 60

34. Etappe: Hainzell bis zur Hessenmühle

Auf dem Jakobsweg

⮐ *2,7 km,* ↑ *107 m,* ↓ *93 m,* ⇧ *275-356 m, Karte/HP S. 135*

Sie biegen nun links in die Hessenhofstraße ab. Hier sehen Sie an vielen Stellen Jakobsmuscheln, die Wegmarkierungen des Jakobsweges von Bremen über Fulda nach Herbstein, der in diesem Streckenabschnitt der Bonifatius-Route entgegenkommt.

Hinter der ehemaligen Molkerei folgen Sie der Hessenhofstraße in eine Rechtskurve. Am nächsten Steinkruzifix folgen Sie links der Straße Am weißen Stein und rechts der Straße Ehrenstruth. An einem einzelnen Hof nehmen Sie den linken der drei Wege, es geht nun bergab. Wenn Sie ein Leckermaul sind und im Sommer pilgern, sollten Sie hier eine Verzögerung einrechnen, es gibt hier überall köstliche Heidelbeeren.

Am Ende des Feldes wandern Sie geradeaus in den Wald herein und auf einem Waldweg bergauf, Sie erreichen einen Rastplatz mit Kreuz, dahinter folgen Sie links dem schmaleren der Wege steil bergab. Sie gehen noch einmal links hinab auf die Häuser zu und erreichen im Tal der Kalten Lüder die Hessenmühle, N50°31.781' E9°31.635'.

🛏 **Landgasthof Hessenmühle**, Hessenmühle, ☏ 066 50/98 80,

💻 www.landgasthof-hessenmuehle.de, ✉ info@landgasthof-hessenmuehle.de,

⮑ am Weg, 160 Betten, ÜF EZ € 65, DZ ab € 82, Zustellbett € 25, 🐎 € 8. Umgeben von Wald und Flur, mit großer Terrasse, Minigolf, Kegelbahn und Forellenteichen. Sauna und Naturschwimmteich ohne Aufpreis, außerdem Wellness-Massagen und Thalasso. 🍴 bürgerliche Küche, auch für gehobene Ansprüche, Biergarten, @ 卅 🖼 🐈 🚗 🛍 ⊙

⊙ Pilgerstempel an der Rezeption

35. Etappe: Hessenmühle bis Kleinheiligkreuz
Nur wenige Schritte zur Einsiedelei

⮑ *1 km,* ⬆ *26 m,* ⬇ *4 m,* ⇧ *287-312 m, Karte/HP S. 135*

Gehen Sie vor der Hessenmühle links und passieren Sie das Werbeschild für den Jagdhof Klein-Heilig-Kreuz. Nun gibt es auf dieser Minietappe für Sie nichts weiter zu tun, als den Fahrweg hinauf zur Einsiedelei Kleinheiligkreuz zu wandern. Dort befindet sich auch der ✿ Rettungspunkt FD-548. N50°31.715' E9°32.095'.

🛏 **Jagdhof Klein-Heilig-Kreuz**, Am Kleinheiligkreuz, ☏ 066 50/960 00,

💻 www.klein-heilig-kreuz.de, ✉ jagdhof@klein-heilig-kreuz.de, ⮑ am Weg, 86 Betten, ÜF EZ € 60, DZ € 80, Zustellbett € 25, 🐎 € 6. Idyllisch im Wald neben der Wallfahrtskapelle gelegen, Massage möglich bei rechtzeitiger Reservierung, @ 🍴 🍺 köstlich: Fr selbst gebackenes Bauernbrot aus dem alten Backhaus 卅 ⌂ 🖼 🛍 🚲 ⊙

🏠 **FeWo der KAB** in der Kirche Kleinheiligkreuz, Katholische Arbeitnehmer-Bewegung (KAB), Diözesanverband Fulda, Hr. Schmitt, ☏ 06 61/734 33,

✉ michael.schmitt@kab-fulda.de, ⮑ am Weg, 8 Betten (1 DZ, 1 Sechsbettzimmer), Ü pauschal inkl. Bettwäsche und Handtücher für 1-4 Personen € 30, jede weitere Person € 5, im Winter Heizkostenzuschlag pauschal € 5. ⌂ Küche

✝ **Wallfahrtskirche Kleinheiligkreuz von 1696.** Das Gotteshaus ist zwar dem heiligen Bonifatius gewidmet und es heißt mitunter, hier habe der Leichenzug mittags zum letzten Mal Rast gemacht, hierzu gibt es aber keine historischen Belege. Sehenswert ist auch der Eremitenfriedhof.

⊙ Pilgerstempel an der **Hotelrezeption**

Großenlüder   ➲ 3 km 🚊 ♥ 🚐 ▭ 36137 ① 06648

🛈 **Rathaus Großenlüder**, St.-Georg-Straße 2, ☎ 950 00,
    ✍ rathaus@grossenlueder.de

🛈 **Fremdenverkehrsverein Großenlüder**, Klaus Schmidt, ☎ 84 96

🛏 **Weinhaus Schmitt**, Am Bahnhof 2, ☎ 74 86, 💻 www.landgasthof-schmitt.de,
    ✍ weinhaus.schmitt@web.de, ➲ 3,1 km, 15 Betten, ÜF EZ € 37-40, DZ € 68-78,
    Garten, Biergarten, Kegelbahn ✖ ◼ 🍺

♦ **Hotel zum Hirsch**, Lauterbacher Straße 16, ☎ 73 07, 💻 www.zum-hirsch.de,
    ✍ hotel-zum-hirsch@t-online.de, ➲ 7 km, 40 Betten, ÜF EZ € 47, DZ € 72,
    🐕 € 5, ruhige Lage im Ortszentrum, Biergarten, @ ✖ 🍺 🚐 ◼

⌘ **Internationale Krippenausstellung** und Heimatmuseum, Marktplatz 1,
    ☎ 911 03 53, 💻 www.krippenausstellung.info, 🕐 Mo 10:00 bis 12:00 und nach Ver-
    einbarung

🚐 Vogelsbergbahn

🚌 Linie 61 nach Bad Salzschlirf

36. Etappe: Kleinheiligkreuz bis Fulda

Letzte Andacht vor dem Ziel

➲ 13,6 km, ↑ 189 m, ↓ 284 m, ⇧ 252-441 m, Karte/HP S. 143

Nun folgen Sie dem ersten Waldweg links steil bergauf, er trifft auf den Höhenweg oberhalb von Kleinheiligkreuz, hier wandern Sie zunächst links, dann wieder rechts. Wenn der Waldweg an einer Forstwegkurve endet, laufen Sie geradeaus weiter bergauf. An der kommenden Kreuzung halten Sie sich halb links. Dabei passieren Sie die XII. Kreuzwegstation und gehen zunächst geradeaus weiter, verlassen dann aber nach etwa 100 m links den breiten Forstweg. Sie erreichen die XI. Kreuzwegstation, dahinter folgen Sie links dem Teerweg. Nach der X. Station gehen Sie rechts, passieren die IX. Station und folgen am Ende des Weges links dem Forstweg zur L3139 mit Rastplatz.

Kreuzen Sie die Straße und gehen Sie Richtung Körbelshütte, also nach der Station III geradeaus. An der Körbelshütte biegen Sie rechts ab, hier steht die hübsche Schnepfenkapelle mit Picknicktisch. Hier haben Sie Ihr Ziel schon vor Augen, denn etwa 8 km voraus können Sie Fulda sehen.

✝ Die **Schnepfenkapelle** heißt offiziell Wallfahrtskapelle zur Schmerzhaften Mutter und entstand um 1775. Die dort verehrte hl. Walburga war eine Nichte des hl. Bonifatius, hier ist der ideale Punkt für eine letzte Andacht vor dem Ziel in Fulda. Nach einem verheerenden Blitzeinschlag am 22. April 2014 musste die Kapelle geschlossen werden. Zum Zeitpunkt meiner Recherche konnte die neuerliche Öffnung noch nicht terminiert werden.

☕ **Körbelshütte**, ☎ 066 48/62 00 90, 🗓 14:00 bis 18:00, So 12:00 bis 18:00, Mo, Di Ruhetag

Schnepfenkapelle

Legenden zur Schnepfenkapelle

Die Legendenerzähler können sich nicht einigen, wie die Schnepfenkapelle und ihr Name entstanden sind. Zum einen wird berichtet, dass sich ein Teilnehmer einer Jagdgesellschaft bei der Schnepfenjagd im Wald verirrte und in der Nacht in das Sumpfgebiet des Bimbachs kam. Er betete zur Jungfrau Maria und versprach, hier eine Kapelle zu erbauen, wenn er denn durch ihre Fürbitte gerettet werde.

Eine zweite Legende berichtet von einem Schäfer, der hier auf der Höhe unter einem Wacholderbusch ein Gnadenbild fand. Man hängte es auf halbem Weg nach Oberbimbach an einen Baum und wollte dort eine Kapelle bauen. Doch am nächsten Tag fand sich das Bild wieder oben auf der Höhe. So ging es einige Tage in Folge, bis die Oberbimbacher ein Einsehen hatten und eine Kapelle genau an der Stelle bauten, an der sich die Muttergottes anscheinend am wohlsten fühlte.

Mit dem Kosenamen Schnepfenkapelle wird wahrscheinlich an ihren Stifter Johann Georg Schneider erinnert, dem damals der benachbarte Schnepfenhof gehörte.

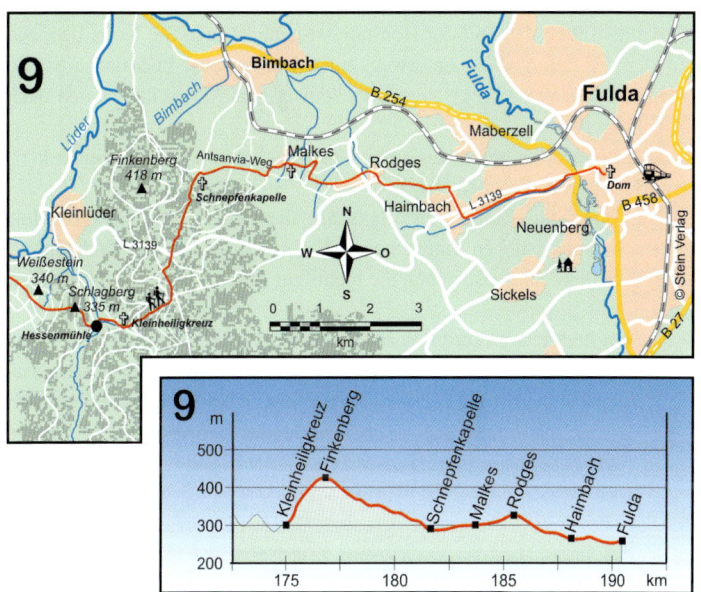

Großenlüder-Bimbach

⮕ 1,5 km BANK 🚲 ♉ ✕ 🚌 🚆

✉ 36137 ① 06648

🛏 **Landgasthof Zur Linde**, Fuldaer Straße 23, ☎ 32 77, 🖥 www.bimbach.de, ✉ zur.linde@bimbach.de, ⮕ 1,2 km ab Schnepfenkapelle, 23 Betten, ÜF EZ € 39, DZ € 68, MBZ € 90, 🕐 Mo Ruhetag, Anreise 17:00 bis 21:00 oder nach Absprache, 300 Jahre altes Fachwerkhaus, ✕ mit Bierstube und Biergarten unter der Dorflinde 🐕 ⛱ 🚗 📷

Gasthof Zum Lüdertal, Fuldaer Straße 13, ☎ 619 18, 🖳 www.zum-luedertal.de, ✉ zum-luedertal@t-online.de, ➲ 2 km, 23 Betten, ÜF EZ € 38, DZ € 72, ohne Frühstück € 5 Ermäßigung. Außerdem zwei Ferienhäuser. Traditionsgasthof in 7. Generation. Besonders schön ist es, im Biergarten „Hänger Katze Scheern" unter alten Apfelbäumen zu sitzen. @ 🏠 🗄 ⛺ ✕ 🚐 🔲

 🖳 www.wetterstation-bimbach.de

 Vogelsbergbahn

🚌 Linie 3

An dem Rastplatz mit der Bonifatius-Statue können Sie lesen, dass Sie auf dem Antsanvia-Weg unterwegs sind. Das ist eine historische Straße (antiana = alt, via = Weg), die als Höhenweg von Mainz über Fulda nach Thüringen führte.

Hier können Sie geradeaus einen ⇔ Abstecher von 600 m zu einer kleinen Mariengrotte machen

Die Bonifatius-Route führt links auf die Ortschaft Malkes zu, dort gehen Sie rechts neben einem neuen Fachwerkhaus bergab (Schnepfenweg). Am Platz Säuroase gehen Sie rechts zur Jakobuskapelle von **Malkes**.

✝ **Alte Dorfkirche** mit Darstellungen von St. Jakobus und St. Sturmius, der 744 im Auftrag des hl. Bonifatius in Fulda ein Kloster gründete. Ein Abguss der Malkeser Sturmius-Statue erinnert seit einigen Jahren in Fulda an den Stadtgründer. Sehenswert sind auch die Vierzehn Nothelfer und Anna Selbdritt. Auch wenn der ungewöhnliche Name darauf deuten mag, dass hier die heilige Anna selbst zu dritt in unterschiedlichen Altersstufen abgebildet ist (so erklärte uns eine einheimische Kirchenbesucherin den Namen), wird damit bei genauerem Hinsehen die heilige Anna zusammen mit ihrer Tochter Maria und dem Jesuskind „zu dritt" gemeint.

 Linie 4

Setzen Sie Ihren Weg nun links durch die Straße Im Stückfeld fort und wählen Sie dann die erste Möglichkeit rechts, das Zoll-Pädchen. Nun gehen Sie links zum Gewerbegebiet, biegen an der Fa. MaroTack rechts ab und biegen erneut rechts in die Werner-von-Siemens-Straße ein. Hinter der Firma Lux folgen Sie links der Böcklerstraße. An deren Ende gehen Sie um 30 m nach rechts versetzt weiter, verlassen damit das Gewerbegebiet von **Rodges** und gehen geradeaus durch die Felder.

An einem Spiel- und Rastplatz biegt der Jakobsweg nach links ab, Boni-fatius-Pilger gehen hier geradeaus weiter und erst hinter einem steinernen Kruzifix links Richtung Haimbach. Nehmen Sie nun den ersten Feldweg links, er ist geschottert.

Sie kommen zu einer Rastbank mit schönem Blick in die Rhön, hier geht es rechts nach Haimbach hinein und links weiter auf der Bonifatius-Route. Gehen Sie bergab bis zu vier Kastanien und folgen Sie dort rechts der Straße nach **Haimbach** (🚏 BANK ♀ 🚌 Linie 4), sie heißt im weiteren Verlauf Fuchsstraße und endet an der L3139.

Fulda-Niederrode
↪ 3 km ✕ 🚌 ▭ 36041 ① 0661

🛏 **Landgasthof Schubbkoarn's Ruh**, Niederröder Höhe 27, ☎ 448 51,
💻 www.schubbkoarnsruh.de, ✉ info@schubbkoarnsruh.de, ↪ 3 km, 16 Betten, ÜF EZ € 42, DZ € 68, DBZ € 92, Beistellbett € 18, 🐾 € 5, 1878 erbauter, familiär geführter Landgasthof mit Sonnenterrasse und Biergarten. Der Name ergab sich in Zeiten, in denen die Bewohner des Vorderen Vogelsberges mit ihren Schubkarren nach Fulda zum Markt fuhren. Hier machten sie noch eine Pause, bevor sie 6 km weiter ihr Ziel erreichten - die Schubkarren hatten Ruh'. ✕ mit traditioneller Regio-nalküche, großer Auswahl an frischen Salaten und hausgemachten Wurstspezialitä-ten. 🛋 🍴 ✕ 🎒

🚌 Linie 5 A

Überqueren Sie nun die Landstraße geradeaus (Zone 30) und folgen Sie der Sonnenstraße bis zur Neptunstraße, hier biegen Sie links ab und folgen ihr auch dann noch geradeaus, wenn sie in einen Feldweg übergeht. Dieser führt idyllisch durchs Tal und dann als Herbsteiner Straße weiter.

Beim Opelhändler biegen Sie rechts in die Haimbacher Straße und unterqueren die Maberzeller Straße/Bardostraße an einer Ampel. Danach steigen Sie hoch zur Brücke über die Fulda auf der Langebrückenstraße.

Fulda-Neuenberg
🚏 ✕ 🚌 ▭ 36041 ① 0661
N50°33.273' E9°39.859' (Brücke)

🛏 **Gasthof Drei Linden**, Neuenberger Straße 37, ☎ 731 31,
💻 www.dreilinden-fulda.de, ✉ info@dreilinden-fulda.de, ↪ 400 m, 40 Betten, Ü EZ ab € 28, DZ ab € 56, DBZ € 87, VBZ € 116, F € 7, ✕ mit Fleisch aus eigener Schlachtung und Biergarten unter alten Linden 🛋 🍴

Jugendherberge Fulda, 36041, Schirrmannstraße 31, ☎ 733 89,
💻 www.fulda.jugendherberge.de, ✉ fulda@djh-hessen.de, ➲ 2 km ab Route,
2,5 km bis zur Innenstadt, 174 Betten, ÜF im EZ € 31,50, im DZ € 28,50,
im MBZ € 24, HP plus € 4. @ ⚲ 🖪 🗂 ⛺

Linien 3, 4, 5

Das Bonifatiusgrab - Ziel Ihrer Pilgerfahrt

Wo Sie heute die Fulda bequem auf einer Brücke überqueren, durchwatete der Leichenzug des hl. Bonifatius eine alte Furt. An der ersten Ampel hinter der Brücke gehen Sie geradeaus, an der zweiten Ampel rechts (Hinterburg) und hier gehen Sie sofort, hinter der Gaststätte Highlander, links hinauf zum Dompfarrzentrum. Nun bleiben Sie rechts bis zum Ziel Ihrer Wanderung, dem Fuldaer Dom, der an der Stelle der früheren Klosteranlage steht.

Bonifatius ist in Fulda allgegenwärtig, immerhin war das Kloster in Fulda sein Lieblingskloster. Er hatte 744 den Mönch Sturmius mit der Gründung eines benediktinischen Musterklosters beauftragt und wollte hier seinen Altersruhesitz einrichten. Nach seiner Ermordung wurde Bonifatius daher in seinem geliebten Fulda beigesetzt und sein Kloster entwickelte sich schnell zum Pilgerziel. Dies brachte einen Aufschwung mit sich, der auch für Handwerk und Handel seine Früchte trug und schon im 9. Jh. war Fulda eines der kulturellen Zentren Mitteleuropas. In der wechselvollen Geschichte Fuldas gab es zwar auch Tiefschläge wie Pest, Krieg und Hexenverfolgung, aber stets gab es eine Verbundenheit der Geistlichen im Kloster und der weltlichen freien Handwerker und Kaufleute rund um den Klosterbezirk. Noch 1.000 Jahre später entstanden durch geschickte Zusammenarbeit von kirchlichen und weltlichen Entscheidungsträgern der Dom, das Residenzschloss, das Adelspalais und andere Barockbauten, die der Stadt Fulda zu Recht den Beinamen „Barockstadt" einbrachten.

(Wer mit dem Zug zurückfährt, quert den Domplatz und geht auf der Pauluspromenade zur 🛈 Touristeninformation, dann links in die Schlossstr. und nimmt dann die zweite Straße links (Bahnhofsstr.) bis zum 🚆 Bahnhof)

Fulda

📧 360XX 🕐 0661

N50°33.263' E9°40.311' (Dom)

🛈 **Stadt Fulda, Tourismus und Kongress-Management**, Bonifatiusplatz 1, 36037, ☎ 102-18 14 (allg. Infos), -18 13 (Zimmerreservierung)
 💻 www.tourismus-fulda.de, ✉ tourismus@fulda.de, 🗐 Mo bis Fr 8:30 bis 18:00, Sa, So, Fei 9:30 bis 16:00

🛏 **Hotel & Restaurant Zum Ritter**, Kanalstraße 18-20, ☎ 25 08 00,
 💻 www.hotel-ritter.de, ✉ info@hotel-ritter.de, ➲ am Weg (Dom = Ziel), 64 Betten, ÜF EZ € 99, DZ € 90-125, 🐕 € 9,50, Pilgersonderpreise je nach Belegung verhandelbar, @ ✗ ⴕ (€ 10) 🛋 🎒

♦ **Hotel am Dom**, Familie von Rhein, Wiesenmühlenstraße 6, ☎ 979 80,
 💻 www.hotel-am-dom.de, ✉ mail@hotel-am-dom.de, ➲ am Weg (Dom = Ziel), 60 Betten, ÜF EZ € 76, DZ € 99, DBZ € 109, am Wochenende EZ € 69, DZ € 89, DBZ € 99, zentral und ruhig, @ 🛋 ⴕ 🔲 🎒 🚲 (Tiefgarage)

🏨 **Hotel am Schloss**, Kanalstraße 1 b (Ecke Habsburgergasse 5-11), ☏ 250 55 80, 📱 01 70/545 45 43, 💻 www.hotel-am-schloss-fulda.de, ✉ info@hotel-am-schloss-fulda.de, ➲ 100 m, 55 Zimmer, ÜF EZ ab € 45, DZ ab € 67, DBZ ab € 134,40, VBZ ab € 144,40, 🐕 € 10, Gemeinschaftsraum mit Kochmöglichkeit @ ✗ 🎡 🛋 💻 🚗 📺

♦ **Hotel Peterchens Mondfahrt**, Rabanusstraße 7, ☏ 90 23 50, 💻 www.hotel-peterchens-mondfahrt.de, ✉ rezeption@hotel-peterchens-mondfahrt.de, ➲ 150 m, 108 Betten, ÜF EZ ab € 58, DZ ab € 84, Familienzimmer ab € 105. Innenstadthotel zum Wohlfühlen, sehr sauber, gute Matratzen, erstklassiges Frühstück 🐕 🚲 ✗ 🛋 🎡 (€ 8) 📺 (€ 5)

♦ **CityHotel Hessischer Hof**, Nikolausstraße 22, ☏ 780 11, 💻 www.hessischerhof.de, ✉ info@hessischerhof.de, ➲ 300 m, 40 Betten, Ü EZ ab € 60, DZ ab € 80, F € 7,50, Familienbetrieb in 3. Generation, @ 🛋 📺

♦ **Pension Wenzel**, Heinrichstraße 38-40, ☏ 753 35, 💻 www.pension-wenzel.de, ➲ 400 m, 44 Betten, ÜF EZ € 31-42, DZ € 52-64, DBZ € 85,50, VBZ € 112, FBZ € 135, Innenstadthotel, 5 Min. vom 🚂 entfernt. 🐕 frei

♦ **Hotel Brauhaus Wiesenmühle**, Wiesenmühlenstraße 13, ☏ 928 68-0, 💻 www.wiesenmuehle.de, ✉ info@wiesenmuehle.de, ➲ 500 m, 48 Betten, ÜF EZ € 63, DZ € 83-93, Gasthaus mit eigener Hausbrauerei, @ Biergarten, Terrasse ✗ 🎡 (€ 7,20) 🐕 € 5

♦ **Altstadthotel Arte**, Doll 2-4, ☏ 250 29 88-0, 💻 www.altstadthotel-arte.de, ✉ stephanie.wohnig@altstadthotel-arte.de, ➲ 600 m, 120 Betten, ÜF EZ ab € 69, DZ ab € 99, 🐕 € 5. @ und Telefonate ins deutsche Festnetz kostenfrei. ✗ 🍷 eigenes Brauhaus 🛋 🎡 🚲

♦ **Scholtese** - Zimmer mit Frühstück im Denkmal, Christiane Herchenhein, Am Rasen 24, ☏ 741 71, 📱 01 60/720 59 08, ➲ 600 m, 4-5 Betten, 💻 www.scholtese.de, ✉ zimmer@scholtese.de, Ü EZ € 29, DZ € 48, F € 5-7, hier schlafen Sie in einem 1837 erbauten Haus mit viel Atmosphäre und einem Garten 🚲 🛋 🎡 💻 🚗 📺

♦ **Ibis Hotel Fulda**, Kurfürstenstraße 1-3, ☏ 25 05 60, ✉ H3286@accor.com, ➲ 700 m, 75 Zimmer, Ü EZ ab € 46, DZ ab € 56, F € 10, @ Schwimmbad, Sauna, Garten 📺 nur für Gruppen 🎡 🐕

♦ **Holiday Inn Fulda**, Lindenstraße 45, ☏ 833 00, 💻 www.holiday-inn-fulda.de, ✉ info@holiday-inn-fulda.de, ➲ 1 km, 134 Zimmer, EZ/DZ Ü € 80-140, F gegen Aufpreis, 🐕 € 8, Innenstadthotel mit gratis Sauna, Fitnessbereich, Bar, @ 🚗 (Taxi) 📺 🎡 💻 ✗ 📺

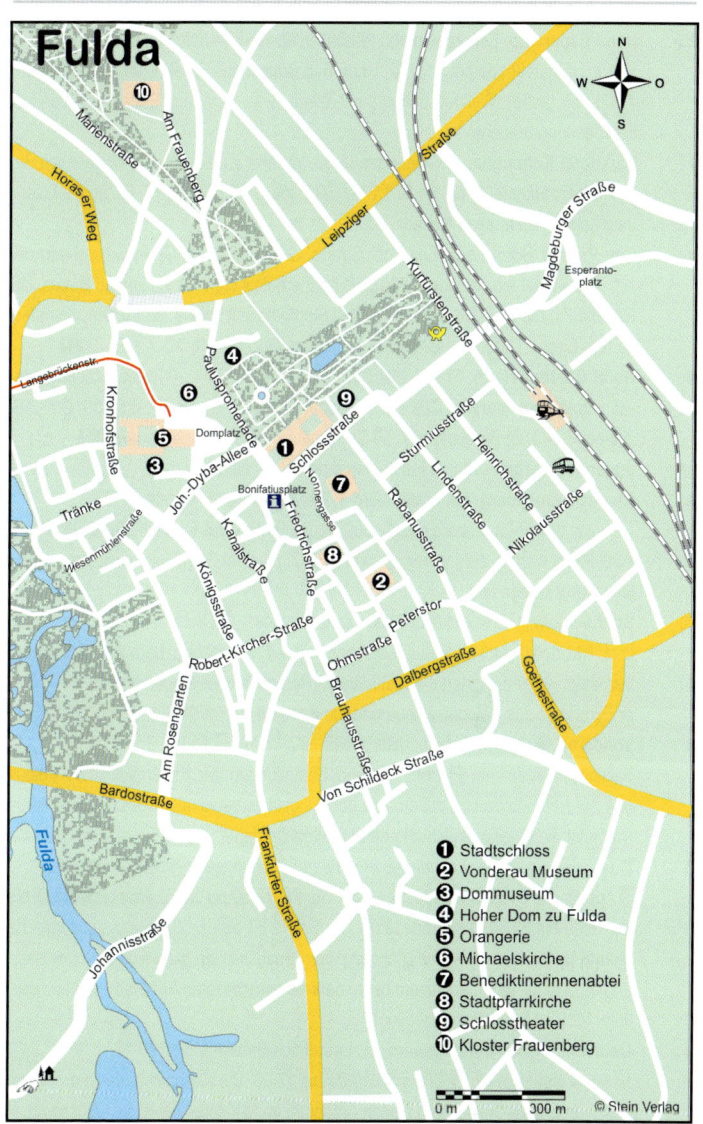

Fulda

❶ Stadtschloss
❷ Vonderau Museum
❸ Dommuseum
❹ Hoher Dom zu Fulda
❺ Orangerie
❻ Michaelskirche
❼ Benediktinerinnenabtei
❽ Stadtpfarrkirche
❾ Schlosstheater
❿ Kloster Frauenberg

© Stein Verlag

0 m   300 m

- **Hotel Esperanto**, Esperantoplatz, ☎ 24 29 10, 🖥 www.hotel-esperanto.de, ✉ info@hotel-esperanto.de, ➲ 1 km, 648 Betten, ÜF EZ ab € 99, DZ ab € 125, 4.000 m² großer Wellnessbereich mit allem, was man am Ende der Tour zur Entspannung braucht. 🐎 ✕

- **Parkhotel Kolpinghaus**, Goethestraße 13, ☎ 865 00, 🖥 www.parkhotel-fulda.de, ✉ info@parkhotel-fulda.de, ➲ 1,2 km, 97 Betten, ÜF EZ ab € 70, DZ ab € 99, zentrale Lage zur barocken Altstadt. ✕ 🏕 🦮 🐎

- **City Partner Hotel Lenz**, Leipziger Straße 122, ☎ 620 40, 🖥 www.hotel-lenz.de, ✉ info@hotel-lenz.de oder fulda@citypartnerhotels.com, ➲ 1,5 km, 86 Betten, ÜF EZ ab € 74, DZ ab € 101, DBZ ab € 124. Stadthotel mit Sauna, Biergarten, Sommergarten, Billard, Dart, Brettspielen, Zeitschriften, Büchern, @ ✕ 🦮 🏕 🖥 📱

- **Hotel Gasthof Harth**, Frankfurter Straße 137, ☎ 427 94, 🖥 www.hotel-harth.de, ✉ info@hotel-harth.de, ➲ 2 km, 45 Betten, ÜF EZ € 33-53, DZ € 57-83, Dreibettzimmer € 103, @ Biergarten ✕ (🍺 So Ruhetag) 🐎 🚲 🦮 🏕 🚗 📱

- 🏠 **Jugendherberge Fulda**, in Fulda-Neuenberg, ☞ Neuenberg

- **Kloster Frauenberg**, Am Frauenberg 1, 36039, ☎ 10 95-45 oder -217, 🖥 www.kloster-frauenberg.de, ➲ 500 m, 27 Betten, EZ € 41-48, DZ € 96, Pilger € 20, Pilger werden aufgenommen, wenn die Zimmer im Gästehaus nicht durch Kursteilnehmer belegt sind.

- ⌘ **Stadtschloss**, 🖥 www.kultur-fulda.de/stadtschloss, 🍺 Di bis So 10:00 bis 17:00. Das Residenzschloss, erbaut zwischen 1706-1721, ist ein barocker Prachtbau, besichtigt werden können die Historischen Räume mit den Appartements der Fuldaer Fürstäbte, das Spiegelkabinett und die Festsäle.

- **Vonderau Museum**, Jesuitenplatz 2, ☎ 102 32 10, 🍺 Di bis So 10:00 bis 17:00. Regionalmuseum mit Planetarium und Sammlungen zur Kulturgeschichte Fuldas und zur Naturkunde sowie Gemälde und Skulpturen regionaler Künstler. Besonders schön ist die Originaleinrichtung einer uralten Drogerie.

- **Dommuseum**, Schatzkammer des Doms, ✉ dommuseum@bistum-fulda.de, 🍺 Apr bis Okt Di bis Sa 10:00 bis 17:30, So, Fei 12:30 bis 17:30, Nov bis März Di bis Sa 10:00 bis 12:30, 13:30 bis 16:00, So, Fei 12:30 bis 16:00. Reliquien, liturgische Geräte und sakrale Gewänder bringen dem Besucher die Geschichte des Klosters und des Doms näher. Auf einem besonders fein gearbeiteten Abtsstab etwa aus dem Jahr 1632 ist Bonifatius abgebildet.

- **Deutsches Feuerwehrmuseum**, St.-Laurentius-Straße 3, ☎ 750 17, 🖥 www.dfm-fulda.de, 🍺 Di bis So 10:00 bis 17:00. Die Geschichte des aktiven und passiven Brandschutzes von seinen Anfängen im Mittelalter bis in die Gegenwart.

☺ **Museums-Pass** für Vonderau Museum, Historische Räume, Dommuseum, Feuer-wehr-Museum, Kinder-Akademie und Museum „Schloss Fasanerie" € 12, buchbar über 🚻

✝ **Hoher Dom zu Fulda** (📷 Seite 157), 🕐 Mo bis Fr 10:00 bis 17:00 (Apr bis Okt bis 18:00), Sa 10:00 bis 15:00, So, Fei 13:00 bis 18:00. Im Dom befindet sich die Gruft des hl. Bonifatius, der Dom wurde erbaut 1704-1712 von Johann Dientzenhofer auf den Fundamenten einer karolingischen Ratgarbasilika aus dem 9. Jh.

♦ **Michaeliskirche**, 🕐 Apr bis Okt 10:00 bis 18:00, Nov bis März 14:00 bis 17:00. Die Kirche wurde 819-822 als Kapelle für den Mönchsfriedhof des Benediktinerklosters gebaut. Die Krypta aus der Zeit der Karolinger lockt viele Besucher an und zählt zu den bedeutendsten mittelalterlichen Sakralbauten in Deutschland.

♦ **Benediktinerinnenabtei St. Maria**, 🖳 www.abtei-fulda.de, 📧 info@abtei-fulda.de, 🕐 Mo bis Fr 7:30 bis 17:00, Sa 8:30 bis 17:00, So 9:30 bis 17:00. Gegründet wurde die Abtei 1626, die Abteikirche ist ein schöner schlichter Bau aus Spätgotik und Renaissance. 🛍 Klosterladen 🕐 Mo bis Sa 10:00 bis 16:00

♦ **Stadtpfarrkirche** aus dem Spätbarock, erbaut 1770-1786, 🕐 Mo bis Sa 10:00 bis 17:00, So 12:00 bis 17:00

⊙ ✝ **Hoher Dom** - Dommuseum und Domsakristei und ✝ **Michaeliskirche**

🎭 **Schlosstheater Fulda**, Schlossstraße 5, ☎ 102 14 80, 🖳 www.schlosstheater-fulda. de, 📧 schlosstheater@fulda.de, Schauspiel, Operet-te, Konzerte und Kindertheater

🏊 **Freibad Rosenau**, Jahnstraße 2, ☎ 29 95 21, 🕐 Mai, Sept 11:00 bis 19:00, Jun bis Aug 9:00 bis 20:00 🍴

♦ **Stadtbad Esperanto**, hinter dem Hbf, ☎ 242 91 92 10, 🕐 Mo bis Fr 7:00 bis 22:00, Sa, So 8:00 bis 22:00

🚲 Fahrradverleih, Hahner Zweiradtechnik, Beethovenstraße 3, ☎ 933 99 44, reservier-te Fahrräder werden auch ins Hotel gebracht

🚉 InterCity-Bahnhof mit Direktverbindungen mit ICE/IC/EC von Hamburg über Lüne-burg, Hannover, Göttingen, Kassel, von München über Augsburg, Ulm, Stuttgart, Mannheim, Frankfurt, von Interlaken über Basel, Freiburg, Karlsruhe, Mannheim, Frankfurt, Hanau, von Berlin über Braunschweig, Kassel, von Dresden über Leipzig und Erfurt. 🛍 🍷 🍴

🚌 Linien 3, 4, 5

🚕 Taxi-Ruf Fulda GbR, ☎ 194 10; Taxi Blitz Fulda, ☎ 40 28 00, Taxi Zentrale, ☎ 60 10 10

Unterwegs auf den Pilgerwegen mit OutdoorHandbüchern - Der Weg ist das Ziel aus dem Conrad Stein Verlag

ISBN 978-3-86686-450-4
Band 262, € 16,90 [D]

ISBN 978-3-86686-344-6
Band 301, € 16,90 [D]

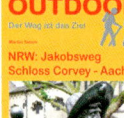

ISBN 978-3-86686-147-3
Band 147, € 16,90 [D]

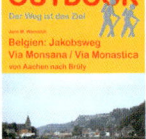

ISBN 978-3-86686-139-8
Band 139, € 12,90 [D]

ISBN 978-3-86686-338-5
Band 189, € 9,90 [D]

ISBN 978-3-86686-225-8
Band 225, € 12,90 [D]

ISBN 978-3-86686-316-3
Band 288, € 12,90 [D]

ISBN 978-3-86686-255-5
Band 255, € 9,90 [D]

ISBN 978-3-86686-464-1
Band 278, € 9,90 [D]

ISBN 978-3-86686-439-9
Band 241, € 16,90 [D]

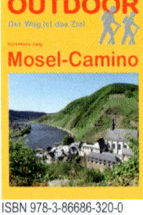

ISBN 978-3-86686-320-0
Band 291, € 9,90 [D]

ISBN 978-3-86686-267-8
Band 235, € 12,90 [D]

ISBN 978-3-86686-142-8
Band 142, € 14,90 [D]

ISBN 978-3-86686-155-8
Band 155, € 12,90 [D]

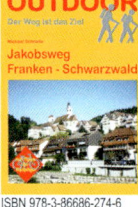

ISBN 978-3-86686-274-6
Band 238, € 14,90 [D]

ISBN 978-3-86686-368-2
Band 314, € 14,90 [D]

ISBN 978-3-86686-369-9
Band 325, € 16,90 [D]

ISBN 978-3-86686-243-2
Band 243, € 14,90 [D]

ISBN 978-3-86686-488-7
Band 188, € 12,90 [D]

ISBN 978-3-86686-416-0
Band 187, € 14,90 [D]

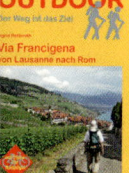

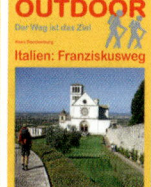

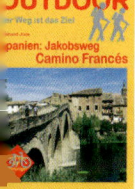

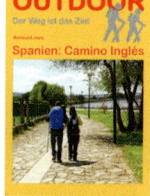

OUTDOOR DER WEG IST DAS ZIEL
Ulrike Bruchsteiner
Spanien: Jakobsweg
Camino de Levante
von Valencia nach Zamora

ISBN 978-3-86686-271-5
Band 271, € 14,90 [D]

OUTDOOR Der Weg ist das Ziel
Roswitha Haas
Spanien: Jakobsweg
Camino Primitivo

ISBN 978-3-86686-482-5
Band 141, € 16,90 [D]

OUTDOOR DER WEG IST DAS ZIEL
Hermann Haas
Portugal Spanien: Jakobsweg
Ostportugal - Via Lusitana
von der Algarve nach Ourense

ISBN 978-3-86686-230-2
Band 230, € 16,90 [D]

OUTDOOR Der Weg ist das Ziel
Raimund Joos
Portugal Spanien: Jakobsweg
Caminho Português
von Porto nach Santiago und Finisterre

ISBN 978-3-86686-496-2
Band 185, € 14,90 [D]

Ärmelkanal

Golf von Biscaya

Liverpool

Großbritannien

Cardiff

London

Amsterdam

Belgien

Nieder

Lux

139

Le Havre

le Mont
St.-Michel

Paris

Metz

Frankreich

Seine

194

Nantes

Orléans

Loire

Vézelay

325

Th

Dijon

166

211

Limoges

128

281

Bordeaux

Cahors

Le Puy-en-Velay

311

162

Arles

Toulouse

Garonne

Marseil

343

A Coruña Ribadeo

**Santiago
de Compostela**
Kap Finisterre

141

Oviedo

71

Bilbao

Irun

149

Roncesvalles

Jaca

185

Ourense

Astorga

23

Santo Domingo
de la Calzada

Porto

Zamorra

Rio Duoro

Spanien

Barcelona

Portugal

116

Madrid

Rio Tejo

Lissabon

271

Valencia

Bale025en

Merida

230

227

Sevilla

Granada

Málaga

*Straße von
Gibraltar*

Gibraltar (U.K.)

Algier

Jak

Pil

Map labels (left map - Europe):

Flensburg · Bornholm · Danzig · 262 · Rostock · Hamburg · 367 · 189 · Bremen · 301 · Berlin · **Polen** · **Deutschland** · Schloss Corvey · Leipzig · 288 · Görlitz · Marburg · 255 · Eisenach · Köln · 258 · Fulda · **Prag** · 910 · Frankfurt · 235 · 1420 · **Tsch. Rep.** · 155 · Nürnberg · Oettingen · Passau · 238 · Ulm · 188 · München · 294 · **Wien** · 157 · 346 · Lossburg · Freiburg · 187 · Salzburg · 224 · Mariazell · Konstanz · Lindau · Innsbruck · Graz · siedeln · Einsiedeln · **Österreich** · 316 · **Schweiz** · **Slovenien** · **Ljubljana** · **Zagreb** · Mailand · Venedig · 201 · Bologna · **Kroatien** · 91 · Florenz · naco · 186 · **Adriatisches Meer** · Korsika · Rom · **Italien** · Neapel · nien · **Tyrrhenisches Meer** · ege · ge · Sizilien · Tunis

© Stein Verlag

Map labels (right map - Scandinavia):

Trondheim · Storlien · **Norwegen** · Rondane · Sälen · Bergen · Voss · 369 · Oslo · Arjäng · **Schweden**

NEU 2015:

OUTDOOR
Der Weg ist das Ziel
Hanna Engler
Norwegen: Olavsweg

ISBN 978-3-86686-479-5
Band 369, € 14,90 [D]

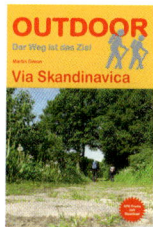

OUTDOOR
Der Weg ist das Ziel
Martin Simon
Via Skandinavica

ISBN 978-3-86686-479-5
Band 369, € 14,90 [D]

OUTDOOR
Der Weg ist das Ziel
Reinhard Tögersoffer
Via Sacra
von Wien nach Mariazell

ISBN 978-3-86686-479-5
Band 369, € 14,90 [D]

Reinsfjell SuperLight 2

Ein superleichtes, vielseitiges und großes freistehendes Zelt mit einer exzellenten Belüftung. Reinsfjell Superlight ist ein Kuppel-Zelt mit zwei Eingängen und zwei Apsiden.

2,0kg komplett

- Zwei Eingänge und zwei Apsiden
- Extrem leichtes Zelt mit viel Platz
- DAC Gestänge

Index

Der Hohe Dom zu Fulda